DAS IST DIE
EIFEL

Maare. Burgen. Kommissare.

Hans-Peter Pracht

DAS IST DIE
EIFEL

Maare. Burgen. Kommissare.

REGIONALIA

Bildnachweis

Archiv Regionalia Verlag: 201

Autor: 9 l., 9 r., 10 f., 13, 14, 19, 21, 29, 38, 51 o., 63, 71, 76, 95, 102, 107 o., 107 u., 111, 127, 129, 131, 137 o., 143, 157, 160, 163, 165, 166 f., 173, 175, 177 o., 177 u., 183, 184 l., 184 r., 185, 195, 196, 199, 205, 207, 212, 213, 215 l., 215 r., 216, 227, 237 o., 237 u., 238 f., 252, 253, 255, 256

Bruno Hof: 31, 133, 135, 153 o., 153 u., 169, 259, 264

Einzelne Fotografen: 2, 4 (Claudia Holtermann), 33 (Vincent de Groot), 37, 249 (Berthold Werner), 40 (CEphoto, Uwe Aranas), 42 o. (Sven Teschke), 55, 56 (Axel Pfaff), 61 (Bernd Limburg), 89 (Paul Hermans), 100 (Sergej Kusnezow), 113 o. (Dirk Vorderstraße), 133 u. (Raymond Spekking), 115 o., 115 u., 116, 119 o., 119 u. (Sascha Kelschenbach), 122 (Joachim Stübben), 180, 181 (Karl Maas), 189 (Michael Wolf), 190 (Klaus Göhring), 219 (H. Peiserl), 228 (Gabriele Delhey), 233 (G. Dittmer)

Wikimedia Commons: 23 (Jacquesverlaeken), 25, 26 (Cku), 28 (DKrieger), 58 (Campinia88), 59 (Exduria2006), 65 (Nikanos), 67 (Goldi64), 73 (Jhintzbe), 88 (Michel wal), 99, 155, 188, 209 (Wolkenkratzer), 159 (Johnny Chicago), 243 (Dirk df)

Organisationen und Partner: 22, 69, 223, 225 (Gesundland Vulkaneifel), 27 (Dinosaurierpark Teufelsschlucht), 35 (A. Thünker, DGPh), 42 u. (Lambertz GmbH u. Co KG, Aachen), 44, 45, 92 (Eifelgemeinde Nettersheim), 49, 51 u. (Archiv Heimatverein Rescheid e. V.), 53, 54 (Stolberg Touristik), 74 (Kappest Vulkanpark GmbH), 77, 178 (Archiv Touristinformation Hillesheim), 78 f. (Natur- u. Geopark Vulkaneifel GmbH), 83, 84 (LavaDome Mendig), 87 (Rurseetouristik), 91 (Stadt Mechernich), 96 (W. Hoor, Westwallmuseum Irrel), 98, 247 (Gemeinde Hellenthal), 105 (Zollmuseum Friedrichs, Aachen), 121 (Jürgen Zeug, Sammlung Wolfgang Kreckler), 137 u. (Mausefallenmuseum Neroth), 141 o., 141 u. (Gemeinde Blankenheim), 144 (Copyright © ORT Region Mullerthal, R. Clement), 147, 148 (JGV Schönecken), 150 (Dieter Ritzenhofen, Copyright © Burg Eltz, Gräflich Eltz'sche Kastellanei), 221 (Touristinformation Prümer Land)

Hans-Peter Pracht:
Das ist die Eifel. Maare. Burgen. Kommissare.

Copyright © 2016 Regionalia Verlag GmbH, Rheinbach
Alle Rechte vorbehalten

Einbandgestaltung, Korrektorat, Layout und Satz:
Handverlesen GbR, Bonn

Cover: Fotos Vorder- und Rückseite Bruno Hof

Printed in Bosnia and Herzegovina

ISBN 978-3-95540-231-0

www.regionalia-verlag.de

Inhalt

Einführung

Liebe Leserinnen und Leser,
verehrte Eifelfreunde und die es werden wollen!

Man muss nicht unbedingt in der Eifel leben oder dort geboren worden sein, um sich als Eifeler zu fühlen. Jeder, der sich für dieses charaktervolle Mittelgebirge interessiert, sich mit den Menschen, die dort leben und mit der Geschichte und dem Brauchtum identifiziert, ist schon in einer besonderen Weise mit der Eifel verbunden. Manche empfinden sich schon aus diesem Grund als Eifeler. Immer wieder kehren die Menschen hierhin gerne zurück, angelockt durch eine besondere, geheimnisvolle Anziehungskraft. Es begeistern der Abwechslungsreichtum dieses Hügellandes und die vielfältige Kultur. Es fasziniert die atemberaubende Magie der Entstehung, der Werdegang in zum Teil wirklich schlechten Zeiten. Die Menschen waren dennoch bestrebt, mutig weiterzumachen, um irgendwann Besseres erreichen zu können.

Um sich zu einer Landschaft wie der Eifel bekennen zu können, gehört schon eine große Menge an Hintergrundwissen über dieses in jeder Hinsicht facettenreiche Gebiet. Doch damit nicht genug. Immer wieder kommen neue Fakten und Erkenntnisse hinzu, die das Gesamtbild der Eifel nicht nur abrunden und ergänzen, sondern weiter aufbauen. Es ist ein permanenter Lern- und Entwicklungsprozess, der mit der Existenz der Eifel einhergeht. Geht jemand davon aus, irgendwann alles oder das meiste über die Eifel zu wissen, treten weitere interessante Dinge zutage, nicht zuletzt in einem Gespräch mit alt eingesessenen Eifelern. Bei der Beschreibung der Teufelsschlucht bei Ferschweiler hatte ich noch in meinen Texten die Fantasie spielen lassen und von Dinosauriern geschwärmt, weil sie so ideal in diese Landschaft passen würden. Und schon waren sie da! Kurz darauf erfuhr ich, dass es im Eifeler Felsenland tatsächlich diese bizarren Urviecher gibt. Doch dazu später mehr. Besonders faszinierend ist die Tatsache, dass ein Großteil der Eifel vulkanischen Ursprungs ist. Davon gibt es genügend Zeugnisse. Ist denn diese Phase nun endgültig vorüber oder kann da »noch etwas kommen«? Die einen beschwichtigen, beruhigen, andere schließen es nicht ganz aus, dass sich das Innere der Mutter Erde in der Eifel noch mal melden könnte. Es bleibt also spannend! Wird schon gut gehen. Wird es?

Die Eifel hat für jeden etwas zu bieten, wie für den geologisch oder erdgeschichtlich Interessierten, aber auch für diejenigen, die Burgen und Schlösser lieben. Die Vielfalt der Klöster und die grenzenlose Natur bieten Ruhe und Muße, während Jahrhunderte alte traditionelle Volks- und Brauchtumsfeste schon mal mehr Stehvermögen abverlangen können. Wer es so mag – bitteschön, warum nicht?!

Jede Jahreszeit prägt die Eifel mit ihren speziellen, unverkennbaren Eigenschaften. Diese reichen von den Wintersportfreuden zur Narzissenblüte im Frühjahr, von der malerischen Landschaftsauffrischung durch das »Eifelgold« – dem Ginster –, Wassersport und Orchideenblüte im Sommer bis hin zu geruhsamen, entspannten Wanderungen durch die bunt gefärbten Herbstwälder.

Sie haben sich hier für ein Buch entschieden, das mit seinem Inhalt einen großen, unterschiedlichen Themenbereich über die Eifel abdeckt und Ihnen näherbringen wird. Es handelt sich um eine Gesamtdarstellung mit beispielhaften Auszügen von typischen Themen. Diese sind nicht nur einmalig, sondern auch besonders prägend und die gesamte Eifel mit ihren Besonderheiten umfassend. Am Schluss werden Sie zu dem erfreulichen Ergebnis kommen und sagen können: Ja, DAS IST DIE EIFEL!

Das bedeutet allerdings keinesfalls einen Anspruch auf eine lückenlose Vollständigkeit und allumfassende Aufzählung sämtlicher in der Eifel vorkommenden Attribute. Natürlich existieren z. B. noch weitere sehenswerte Wehrbauten als nur Burg Eltz, Schloss Bürresheim oder die Wasserburg Satzvey. Diese sind lediglich exemplarisch für die hier vorkommende Burgenvielfalt aufgeführt. Ähnlich verhält es sich natürlich auch mit Klöstern, römischen Bauwerken oder Wanderwegen unterschiedlicher Anforderungen.

Wer in die Vielfalt der breit gefächerten Besonderheiten und typischen Merkmale der Eifel einsteigen möchte, hat genau das richtige Buch vor sich liegen. Denn das, was jetzt folgt: DAS IST … DIE EIFEL!

An dieser Stelle bedanke ich mich bei allen, die mich mit Hinweisen, Tipps, wertvollen Informationen und speziellen Regionalkenntnissen unterstützt haben. Das waren Touristinformationen, Stadt- und Gemeindeverwaltungen, große und kleine Museen, Heimat- und Geschichtsvereine sowie Privatpersonen. Eine Menge zur Verfügung gestellter Fotos hat zur Illustrierung des vorliegenden Werkes beigetragen.

Beim Lesen über die Besonderheiten, die die schöne Eifel prägen und ausmachen, wünsche ich Ihnen viel Freude und vielleicht auch ein wenig Staunen und bestimmt zudem einige neue Erkenntnisse über diese einzigartig schöne Landschaft ganz im Westen unserer Heimat.

Hans-Peter Pracht

▸ Unverkennbar und mit dem Frühsommer in der Eifel eng verbunden – das »Eifelgold«. ▾ Der Fingerhut kommt häufig an Waldrändern vor.

Erst einmal Eifel grundsätzlich ...

... oder: der lange Weg zur Anerkennung

Wo liegt eigentlich die Eifel? Sie erstreckt sich von Aachen bis Trier, auch grenzüberschreitend nach Belgien und Luxemburg im Westen. Von der ältesten Stadt Deutschlands verläuft ihre Grenze am linken Ufer der Mosel im Süden bis Koblenz. Linksrheinisch zieht sich die Linie bis ca. nach Rolandseck, um dann schräg nach Nordwesten auf der Strecke Euskirchen, Zülpich, Düren wieder den Kreis bis Aachen zu schließen. Die Eifel war übrigens durch die Verhandlungen des Wiener Kongresses,

Von Aremberg aus ist die Nürburg zu erkennen.

in dem die Neuordnung Europas beraten wurde, im Jahr 1815 an Preußen gelangt. Diese Zugehörigkeit sollte ihr später ein nicht gerade freundliches Prädikat einbringen.

Es gab Zeiten, in denen die Grenzen der Eifel nicht so deutlich abgesteckt waren. Das geschah in den Köpfen der Menschen, wenn diese die Eifel als Herkunft und Heimat verleugneten. Kaum einer wollte »Eifeler« sein, wies einen anderen, entgegengesetzten Weg, wenn er danach gefragt wurde. Es war wie in der Bibel, als Petrus sagte: »Ich kenne diesen Menschen nicht!« So sagten eben viele Eifeler: »Kenn' ich nicht, weiß ich nicht!« Das sind keinesfalls nur mündliche und nicht mehr nachvollziehbare Überlieferungen. Ernst Moritz Arndt, ein hervorragender Kenner von Eifel und Rheinland, schreibt in seinem Buch *Rhein- und Ahrwanderungen*, entstanden in der Mitte des 19. Jahrhunderts:

> Hier [gemeint ist Münstereifel] ist man also nun schon in dem Anfange der eigentlichen Eifel, wozu wunderlich genug kein Mensch gehören will, als die da wegen ihrer Wildheit und Rauhigkeit über berüchtigt sei, denn jeder schiebt die Eifel gern so weit als möglich von sich als wenn von einer ungesegneten oder gar von einer versegneten Wüste die Rede wäre.

Auch der Bonner Dichter Karl Simrock musste 1840 feststellen:

> Von welcher Seite man auch hineinkommen mag, nirgends wollen die Leute in der Eifel wohnen.

Im *Brockhaus* wird 1892 die Eifel als »einförmig, rauh und unfruchtbar« beschrieben. Mehr abwertend erkennt man fast nebenbei und herablassend ihre »vulkanischen Bildungen« an. Bei Goethe riefen diese lediglich erdgeschichtliche und physikalische Neugier hervor.

Andernorts wusste man von einem Wanderer zu berichten, der sich längst mitten in der Eifel befand. Auf dessen Frage, wo er diese nun finden könne, wurde ihm eine ganz andere Richtung gewiesen.

Da liegt doch die Frage nahe, was an dieser Mittelgebirgsregion besonders oder besser ausgedrückt in negativer Weise anders war, dass sich kaum jemand mit ihr identifizieren und zu ihr bekennen wollte. Offensichtlich empfanden es viele sogar als Makel, zu der dort lebenden Bevölkerungsgruppe zu gehören. Notgedrungen musste der Eifeler aber bleiben, weil er da geboren war, dort leben, ebenso wie die Vorfahren, soweit man auch zurückdenken konnte. Wo sollte man hin, was sollte man außerhalb der Heimat machen? Diese Menschen kannten doch nur ihre Scholle, auf der sie lebten und eben auch später starben.

Das Ansehen der Eifeler war nicht gerade zum Besten bestellt. Sie wurden von Außenstehenden als lässig in ihren Arbeiten, schlaff und langsam in ihren Bewegungen bewertet. Die höchste Form der negativen Beurteilung lag darin, dass sie sogar faul seien und nichts zustande brächten.

Dieses negative Urteil bedurfte einer Analyse und sollte nicht so stehen bleiben. Darum bemühte sich bereits im Jahr

1860 der Landrat von Rheinbach. Er fand heraus, dass die Sterilität des Bodens ausschlaggebend war und selbst bei größter Anstrengung kein Fortkommen erzielt werden konnte. Das führte verständlicherweise zur Mutlosigkeit der Menschen. Der wirtschaftliche Anschluss konnte nicht vollzogen werden, weil die Infrastruktur fehlte, deren Verbesserung sogar verzögert wurde, während sie anderenorts bereits im Aufbau begriffen war. Der Mangel an gedeihlicher Nahrung und Fleischkost sorgte zusätzlich dafür, dass den Menschen für

Fritz von Wille, »Der letzte Schnee« (1914).

die harten körperlichen Arbeiten die Muskelkraft fehlte. Das Ergebnis, dass das Elend der Menschen der Eifel nicht selbstverschuldet war, konnte diese keinesfalls trösten und aus ihrem Jammertal geleiten.

Viele unterschiedliche Fakten kamen zusammen, die der Eifelbevölkerung das Leben erschwerten. Es waren, wie eben erwähnt, die zu mageren, nährstoffarmen Böden, die im Vergleich zu anderen Regionen erfolgreiche Ernten nicht zuließen. Teilweise überdeckten nur wenige Zentimeter Erde den felsigen, unfruchtbaren Untergrund. Wasser konnte nicht »erfolgreich verwaltet« werden. Von der Speicherung und Abgabe des Wassers in einer erforderlichen Menge hätten die Pflanzen profitieren können. So gaben sandige Böden das Wasser schnell ab, während lehmhaltige Erden es übermä-

Fritz von Wille, »Landarbeiter in Müllenborn« (1896).

ßig speicherten und die daraus resultierende Versauerung zu Wachstumsstörungen bei der Saat führten.

Wie sind nun die Bodenarten der Eifel einzustufen? Eine in den 30er Jahren des 20. Jahrhunderts eingeführte Bewertung der deutschen Böden nach einem Punktesystem von 1 bis 100 zeigt ein deutliches Nord-Süd-Gefälle bei den Qualitäten der Eifeler Böden.

Aber nicht allein die Bodenqualität ist ausschlaggebend für das Ergebnis einer Ernte. Auch das Wetter ist mit seinem Beitrag daran beteiligt. Temperaturen und Niederschläge während der Keim- und Wachstumsphase, aber auch die Bedingungen kurz vor der Ernte müssen in Einklang stehen und sind ausschlaggebend für das Ernteergebnis.

Mittelgebirge wie die Eifel weisen in höheren Lagen stets niedrigere Temperaturen auf als im »Flachland«. Die stets lang andauernden Winter waren eisig und sehr schneereich. Dadurch verschoben sich die Jahreszeiten mit höheren Temperaturen. Herbst und Winter setzten früher ein. Die Hauptvegetationsphasen fielen wesentlich kürzer aus und der Aussaat blieb weniger Zeit zur Reife als in tieferen Lagen. Am warmen Mittelrhein betrug die Wachs- und Reifungsphase zwischen 170 und 176 Tagen, während der Eifel nur 127 bis 138 Tage beschert waren.

Die topographischen Gegebenheiten brachten der Eifel unterschiedliche Niederschlagsmengen. Schnell aufeinander folgende Wechsel zwischen Bergrücken und Tälern erzeugten ein sogenanntes Kleinklima in steigungsregenreiche Zonen und niederschlagsarme Bereiche. Hohe Niederschlagsmengen waren in der gesamten Westeifel und den Ardennen üblich. Venn und Schneifel stehen wie eine Wand den von Westen anströmenden Wolkenmassen gegenüber. Diese werden sozusagen aufgehalten, so dass sie abregnen müssen. Gebiete hingegen im Regenschatten, wie die Kalkeifel, werden bei den erforderlichen Niederschlägen benachteiligt.

Ein ständiges Bangen und Hoffen der Bauern lag darin, die ohnehin karge Ernte möglichst unbeschadet einfahren zu können. Häufig aber vernichtete kurz vorher ein Kälteeinbruch, Hagel oder Sturm die Feldfrucht. In diesen Jahren kam es zu einem totalen Ernteausfall. Hungersnöte waren die Folgen.

Wir erkennen also, dass die Eifel in vielerlei Hinsicht benachteiligt war. Im 19. Jahrhundert mussten die Menschen zudem den Spott hinnehmen, in »Preußisch Sibirien« zu leben. Sie seien »hungrige Kostgänger des Reiches«, die zeitlebens nicht auf den vielzitierten »grünen Zweig« kämen. Die Zukunftsperspektiven waren so aussichtslos, dass schließlich im 19. Jahrhundert eine große Auswanderungswelle entstand. Es waren nicht nur junge Leute, die sich auf den Weg nach Amerika begaben, sondern auch ältere, die die letzten Lebensjahre noch in einer besseren Welt verbringen wollten. Trotz der Ungewissheit darüber, was sie dort erwartete, überwog die Hoffnung auf ein leichteres Leben.

Viele fanden tatsächlich ihr Glück, andere scheiterten, mussten zurückkehren. Letztere waren dann noch ärmer, weil sie in der alten Heimat alles aufgegeben hatten. Der Spott über das Versagen wurde ihr Begleiter.

Als traurigstes Beispiel für Not, Armut, Hunger und Ausweglosigkeit in der Eifel stand das Dorf Allscheid. Es lag zwischen Steiningen und Darscheid im Kreis Daun. Die rund 85 Einwohner im Jahre 1852 lebten in 13 einfachen Häusern. Die Äcker brachten nur geringe Erträge, zu wenig im täglichen Kampf ums Überleben. Die Menschen verzweifelten. Schnell verbreiteten sich Gerüchte, die Allscheider sorgten nicht für ihren Unterhalt. Angeblich spielten sie nur noch, würfelten und tranken. Allscheid bekam ungerechtfertigterweise den Spottnamen »Spielerdorf«.

Dann stand der Entschluss fest: Alle Allscheider wollten gemeinsam nach Amerika auswandern. Nach und nach wurden Wiesen, Felder, Vieh, Häuser und Mobiliar verkauft, was im Nachbarort Steiningen selbst Existenzsorgen hervorrief. Dort machte man sich Gedanken, was aus den Allscheidern würde, wenn ihr angesammeltes Geld aufgebraucht sei, bevor sie die Heimat verließen. Daher beschloss der Gemeinderat im Mai 1852, den Allscheidern die noch nicht veräußerten Immobilien, Felder und Wälder abzukaufen. Vertraglich wurde zudem vereinbart, dass die Auswanderung endlich erfolgen müsse.

Im Juli 1852 war es so weit: 17 Familien mit insgesamt 66 Personen fuhren mit mehreren Leiterwagen nach Rotterdam und bestiegen ein Schiff, das sie nach Amerika bringen sollte.

Im Frühjahr darauf wurde das ganze Dorf dem Erdboden gleichgemacht. Kein Stein blieb auf dem anderen. Nur eine kleine Kapelle erinnert heute noch daran, wo sich damals das von Armut und Perspektivlosigkeit geplagte Dorf Allscheid befunden hatte.

Heute kann man sich kaum noch vorstellen, unter welchen widrigen Bedingungen die Menschen in der Eifel lebten und von Jahr zu Jahr auf Besserung ihrer Situation hofften.

Bunte Prospekte, Kataloge und Faltblätter laden nun ein, den Urlaub in der Eifel zu verbringen, Sport zu treiben im Sommer wie im Winter. Natur, Kultur und Sehenswürdigkeiten, die einzigartig in dieser Erholungs-, Gesundheits- und Erlebnisregion sind, locken viele Menschen aus dem In- und Ausland in die Eifel, die wirklich jedem etwas zu bieten hat. Die Eifeler sind stolz darauf, was sie erreicht haben und keiner wird mehr sagen: »Eifel? Kenn' ich nicht!« Nach einem langen und beschwerlichen Weg hat sich die Anerkennung des Gebiets, von Außenstehenden wie von Eifelern selbst, überzeugend durchgesetzt.

Erdgeschichtlich war es »erst gestern«

Der Laacher See und die Augen der Eifel

Im Vergleich zur gesamten, mehrere Milliarden Jahre umfassenden Erdgeschichte liegt die Entstehung der Eifel erst »ein paar Minuten« zurück. Das entscheidende, letzte formgebende Ereignis – die Entstehung der Maare – fand erst vor 10 000 bis 13 000 Jahren statt.

Doch blicken wir erst einmal noch etwas weiter in der Zeit zurück, nämlich 400 Millionen Jahre. Man lese und staune: In einem flachen, tropischen Meer südlich des Äquators liegen die eigentlichen Anfänge der Eifel. Nach weiteren 100 Millionen Jahren begannen sich die Erdplatten zu bewegen. Das Gebiet der späteren Eifel machte sich sozusagen auf den Weg nach Norden zu ihrer heutigen Lage. Immense Kräfte formten ein Grundgebirge mit den Ablagerungen des ursprünglichen Meers. So entstanden auch der Schiefer und das Rheinische Schiefergebirge als Ganzes.

Vor 50 Millionen Jahren, im sogenannten Tertiär, das bereits vor 65 Millionen Jahren seinen Ursprung hatte und bis vor 2,6 Millionen Jahren andauerte, begann schließlich die »Vulkanzeit« in der Eifel. Der Vulkanismus bestimmte mehrfach Zeiträume von 500 000 Jahren. Immer wieder kam es zu heftigen Ausbrüchen. Magma-Massen strömten aus einer Tiefe von 30 bis 100 Kilometern aus dem Erdinneren nach oben. Vulkanberge bauten sich auf. Die Auswurföffnungen verschlossen sich, so dass nach Tausenden von Jahren der Austrittspunkt der heißen, flüssigen Magma-Glut durch natürliche Ablagerungen wie Löß, Humus oder Staub nicht mehr zu erkennen war. Schließlich waren die Berge ganz mit Erde und fruchttragendem Untergrundmaterial bedeckt. Die sich darauf ausbreitende Vegetation verwischte gewissermaßen die Spuren ihrer einst »explosiven« Entstehung. Ruhe und Frieden waren scheinbar eingekehrt.

So verfügen heute die gesamte West- und Osteifel, die Hauptzentren des Vulkanismus dieser Region, über eine Vielzahl von Vulkanen. Vielen ist ihre einstige Entstehungsweise durch den später erfolgten Bewuchs nicht mehr anzusehen. Andere hingegen lassen den Betrachter nicht im Zweifel, dass es sich um einen erloschenen Vulkan handeln muss. Als anschauliche Beispiele, allein schon von der Gleichmäßigkeit des Aufbaus her, präsentieren sich der Phonolitkegel, auf dem die Burg Olbrück im oberen Brohltal errichtet wurde oder auch der tertiäre, weithin sichtbare Aremberg an der oberen Ahr.

Doch dann, wie gesagt vor ca. 10 000 bis 13 000 Jahren, wurde es im Erdinneren der Eifel noch einmal unruhig. Immense vulkanische Kräfte, die Schwachstellen der Erdkruste aufrissen, formten, prägten und veränderten ein weiteres Mal mit all ihrer inneren Macht die Eifellandschaft und brachten sie nahezu in ihre jetzige Form. Aufsteigendes Magma stieß unausweichlich auf sogenannte wasserführende Horizonte. Die Begegnung dieser beiden unterschiedlichsten Elemente führte zu den heute kaum vorstellbaren Naturereignissen. Vermutlich waren bereits die ersten Siedler in der Eifel, die dieses »Platzen der Erde« ganz ohne Vorwarnung miterleben mussten.

Bei diesen Eruptionen fiel ein Teil der mitgerissenen Gesteinsmassen zurück in den gerade entstandenen Auswurftrichter und verschloss diesen, andere Mengen schichteten einen sogenannten Maarwall auf, der dann später auch von der Natur erobert und von Wäldern bewachsen wurde. Nach und nach füllte sich der trichterförmige Maarboden mit Niederschlags- oder seitlich zufließendem Quellwasser. So entstanden tatsächlich die »Augen der Eifel«. Die tiefdunklen, Himmel und Wolken widerspiegelnden Wasserflächen der Maarseen werden schon seit Langem so genannt und als solche in Broschüren der Tourismusbranche angepriesen.

Ein beeindruckendes Beispiel für eine Maarbildung von nahezu perfekter Form und Struktur stellt das Pulvermaar bei Gillenfeld dar. Es ist fast kreisrund mit einem gleichmäßigen Maarwall. Die Erdkruste muss an dieser Stelle optimale Voraussetzungen bei der Exhalation gehabt haben, um dieses geometrisch einwandfreie und schön anzusehende Gebilde zu formen.

Bei der Eifel müssen wir zwei Vulkan-
gebiete unterscheiden: das der Westeifel
und der Osteifel. In der Westeifel finden
sich auf einer 20 x 50 Kilometer großen

Blick auf Aremberg und den gleichnamigen tertiären Vulkan.

Fläche ca. 240 Vulkane und Maare. Zu den bekanntesten gehören die drei Dauner Maare: das Gemündener, das Weinfel-
der und das Schalkenmehrener Maar.

Das größte Maar dieser »West-Region« ist das Meerfelder
Maar mit einer Gesamtfläche von 1 480 x 1 200 Metern. Das

zeitlich zuletzt entstandene in diesem Bereich ist das Ulmener Maar.

In der Osteifel ist das bekannteste Gewässer vulkanischen Ursprungs der Laacher See, an dessen Südufer die berühmte Benediktinerabtei Maria Laach (lat. *lacus* – See) gelegen ist. Auf einer Ausdehnung von 35 x 25 Kilometern finden wir in der Osteifel ca. hundert Vulkane vor.

Insgesamt verfügt die Eifel über rund 27 Maare. Nicht alle sind sofort durch eine Wasseroberfläche zu erkennen. Die vom Umfang kleineren und flacheren Maare sind häufig »verlandet«, weil offenbar die Wasserfüllmengen nicht ausreichten, die von den Ufern her einsetzende Vegetation zurückzudrängen. Es entstanden die sogenannten Trockenmaare, die aufgrund

Das jüngste Maar bei Ulmen, bis zu 86 Meter tief.

von Form und Farbe der dort wachsenden Gräser und Kräuter gut zu erkennen sind.

Sowohl der eigentliche Vulkanismus als auch der später auftretende Maar-Vulkanismus haben das heutige Erscheinungsbild der Eifellandschaft geprägt. Allerdings begann schon vor Jahrzehnten ein erneuter, durch Menschen hervorgerufener Wandel. Vielerorts werden die vulkanischen »Produkte« abgebaut und diese u. a. dem Straßen- und Wegebau zugeführt. Unansehnliche Wunden in der ansonsten idyllischen Eifellandschaft sind das Ergebnis. Ganze Berge verschwinden aus der Landschaft. Darüber mag auch das Wissen darum, dass bereits die Römer mit dem Abbau des Vulkangesteins begonnen hatten, kaum hinwegtrösten.

Das ist nicht Emma aus Lummerland! Alte Grubenlok, Museumsley Mendig.

Was der Mensch nicht schaffen kann

Die Teufelsschlucht und andere naturgeprägte Orte

Das tägliche Leben zeigt uns, dass der Mensch im Bereich der Wissenschaft und Technik viel zu leisten in der Lage ist. Dabei hat er sich viel von der Natur abgeguckt und zu eigen gemacht. Doch es gibt auch Dinge, die er nicht nachahmen kann. Dafür gibt es in der Eifel zahlreiche einzigartige Beispiele.

Betrachten wir die Teufelsschlucht, eine 28 Meter tiefe Felsspalte, am Ostrand des Ferschweiler Plateaus in der Südeifel. Dieses bizarre Machwerk der Natur versetzt jeden ins Staunen, der dieses Gebiet betritt. Gigantische Formationen mit mächtigen, senkrecht aufstrebenden Wänden und schmale Durchlässe wechseln sich ab. Felsen, die sich oben zu verbinden, sich gegenseitig zu stützen scheinen, lassen unten einen kleinen schmalen Durchschlupf für den Wanderer, der sich angesichts dieser Übergewalt der Natur wirklich klein fühlen muss. Es ist einfach atemberaubend, was die Natur dort in unermesslichen Zeiträumen geleistet hat. Alles ist so ursprünglich und gewaltig wie eh und je. Geformt wurde dieses mächtige Gebilde durch Wasser, das hier mit seinem fleißigen, unermüdlichen Ehrgeiz vor ca. 10 000 bis 12 000 Jahren mit seiner Arbeit begonnen hat. Poröser, sogenannter Luxemburger Sandstein lagerte auf Gesteinsschichten, die dem Wasser mehr Gegenwehr entgegenbringen konnten. Verwitterung und das Unterfließen des Wassers zwischen den beiden unterschiedlichen Gesteinsarten erzeugten nach und nach eine Instabilität im gesamten geologischen Aufbau. Die Folge war, dass sich das oben aufliegende Gestein abnutzte, sich Stück für Stück aushöhlte und dann keinen stabilen Halt mehr finden konnte. Es kam daher zu einer Reihe von Felsstürzen, die diese atemberaubende, heute existierende Naturformation zurückließ. Natürlich war auch das Klima an diesem

Gesamtwerk beteiligt. Wasser und Frost in enger Zusammenarbeit bewirkten Absprengungen, Risse und Verschiebungen auch in den mächtigsten Gesteinsgebilden.

Übrigens, die eingangs erwähnten Dinosaurier sind in der Tat gar nicht so weit entfernt. Denn man hat sich diese prähistorisch anmutende Landschaft zunutze gemacht, den Dinosaurierpark Teufelsschlucht ins Leben zu rufen, der am 4. April 2015 eröffnet wurde.

Der Besucher begibt sich auf eine Zeitreise in die Erdgeschichte vor 420 Millionen Jahren. Auf einem 1,5 Kilometer langen Rundweg begegnen ihm über hundert lebensgroße, den aktuellen wissenschaftlichen Forschungsergebnissen angelehnte Rekonstruktionen prähistorischer Lebewesen. Diese vermitteln einen Einblick in die damalige Tierwelt nicht nur hier in der Eifel, sondern auf der ganzen Erde.

Hohle Gasse – Durchgang an der Teufelsschlucht.

Eine Hochebene aus Sandstein

Ferschweiler und Ernzen sind zwei Orte in der Südeifel an der Grenze zu Luxemburg. Sie liegen auf einer ausgedehnten Hochebene aus Sandstein, zu der auch die eben beschriebene Teufelsschlucht zählt. Die Ausdehnung beträgt ca. 4 x 8 Kilometer. Besonders beeindruckend sind die zum Teil steil abfallenden Ränder dieses Plateaus. Zahlreiche jungsteinzeitliche Stätten wurden hier gefunden, was auf eine frühe Besiedlung dieser Region schließen lässt. Diese exponierte Lage bot den Siedlern einen relativ sicheren und schwer einnehmbaren Platz. Auf einem gut erschlossenen Wegenetz ist dieses »Naturbauwerk« bequem zu erreichen. Als bekannteste Sehenswürdigkeit ist das Fraubillenkreuz zu nennen, das der Missionar Willibrord (658–739) selbst bearbeitet haben soll. Mit körperlicher

T-Rex im Dinosaurierpark.

Fraubillenkreuz, Ferschweiler Plateau.

Schwerstarbeit hat er einen 5 000 Jahre alten Menhir in eine Kreuzform gemeißelt und in das christliche Symbol umgewandelt. Nicht weit von hier entfernt hat Willibrord als Gründer des Klosters Echternach seine letzte Ruhestätte gefunden.

Ein wachsender Wasserfall? Ja, gibt es wirklich, bei Nohn in der Vulkaneifel

Das klingt im ersten Moment wirklich etwas eigenartig: Wie kann ein Wasserfall wachsen? Bei dem Wasserfall nahe Nohn (Verbandsgemeinde Hillesheim) funktioniert das wirklich. Er wächst tatsächlich im Jahr 8 bis 10 Zentimeter. Das kam folgendermaßen zustande: Im Jahr 1910 wurde die Eisenbahnstrecke Dümpelfeld–Jünkerath gebaut. Dabei mussten drei stark kalkhaltige Karstquellen zu einem einzigen Wasserlauf zusammengeführt werden. Dieses Wasser wurde dann unter der Eisenbahntrasse hindurchgeführt. Bei dieser kontrollierten Aktion handelte es sich um eine vorbeugende Maßnahme, um bei eventuell eintretenden Hochwasserlagen die Bahnstrecke nicht zu gefährden. Dieses Wasser mit einer Temperatur von 8° Celsius weist einen übermäßig hohen Kalziumgehalt von nahezu 200 Milligramm pro Liter auf. An der Ablaufkante konnte das darin enthaltene, mitgeführte Kohlensäuregas entweichen und sich Kalziumcarbonat auslösen. Dieses baut sich als sogenannter Kalksinter in den dort vorhandenen Mooskulturen nach und nach weiter auf.

Im Laufe eines Jahres werden somit nahezu 4,5 Tonnen Karbonat-Sintermaterial abgelagert. So entstand in dem Zeitraum von 1910 bis heute ein 12 Meter breites und 5 Meter hohes frisches, hellgrünes Gebilde, durch das ständig nachdrängendes Wasser seinen Weg sucht. Der dichte Moosauf-

bau bewirkt, dass das Wasser wie in einen Schwamm hineinfließen kann. Dieser nimmt es zunächst auf. An anderen Stellen tritt es wieder hervor, tröpfelt und rieselt ganz ge-

Der wachsende Wasserfall bei Nohn nahe Hillesheim.

mächlich, eher verhalten, mal mehr, mal weniger hinab. Zu diesem Zeitpunkt allerdings ist ein Großteil der Inhaltsstoffe bereits im Moos gebunden.

Im Jahr 1986 hatten sich derart viel Sinterpartikel mit dem Moos vereint und gespeichert, dass der gesamte, schwere Aufbau abzurutschen drohte. Das musste wegen der Besonderheit dieses einmaligen Naturdenkmals unbedingt verhindert werden. Deshalb wurde der vordere Teil dieser natürlichen Kalksin-

29

termauer abgetragen und der Rest durch Betonfundamente gesichert. Der Wasserfall seinerseits besserte aber sofort nach, so dass von der damaligen einzigen menschlichen Einflussnahme schon lange nichts mehr zu sehen ist. An Materialnachschub hat es hier nie gefehlt.

Dieser »wachsende Wasserfall« weist in seinem Erscheinungsbild eine herausragende Besonderheit auf, so dass dieses nördlichste Kalksintervorkommen in Europa zum Naturdenkmal erhoben wurde. Wo findet man sonst noch Vergleichbares?

Einst Wohnung und Fliehburg – die Höhle des Kakus

Der Mechernicher Ortsteil Dreimühlen (Kreis Euskirchen) birgt in einem dichten Buchenwald eine interessante Besonderheit, die von Menschen mit einer Vorliebe für das Geheimnisvolle, das Mystische, immer wieder gerne aufgesucht wird. Es ist die Kakushöhle, die nicht wie andere Kavernen dunkel und vielleicht dadurch auch gefährlich erscheint. Hier wird der Eindruck erweckt, dass sie freundlich, einladend und Schutz bietend zugleich ist. Nach einem zunächst niedrigen Eingang empfängt den Besucher die aufragende Eingangshalle, »Große Kirche« genannt. Mit einer Höhe von bis zu 15 Metern und einer Breite von 30 Metern weist sie eine räumliche Großzügigkeit auf. Von mehreren Seiten dringt Licht herein, Nebenräume werden sichtbar. Das Alter dieses Kalkfelsens wird auf 300 000 Jahre geschätzt. Das beständig »nagende« Wasser des Weyerbaches formte im Laufe langer Zeiten diese ausgewaschenen Räume.

Wie viele andere Höhlen wurde auch die Kakushöhle als Wohn-, Rückzugs- und Lagerraum genutzt. Sie bot Schutz vor anderen, weniger gutgesinnten Menschen, vor wilden Tieren, Regen, Kälte und Wind. Im näheren Umfeld beweisen Funde, dass bereits Neandertaler und später Eiszeitmenschen hier »ansässig« waren. Vor 12 000 Jahren fanden Rentierjäger hier Unterschlupf.

▸ *Die Kakushöhle wirkt hell und freundlich.*

30

Oberhalb der Höhle erstreckt sich ein 150 Meter langes Plateau. Wegen seiner an drei Seiten steil abfallenden Wände war es kaum erreichbar. An der vierten Seite sperrte ein Abschnittswall den Zutritt, so dass das gesamte Plateau offenbar in der ersten Hälfte des 4. Jahrhunderts als Fliehburg diente. Damals suchten die Menschen dort Schutz vor den in das Römische Reich eindringenden Franken. Die vorgefundenen römischen Münzen lassen keinen Zweifel daran.

Was verbindet Luxemburg und Schweiz?
Ganz einfach: die Kleine Luxemburger Schweiz

Die Region Mullerthal in der sogenannten Kleinen Luxemburger Schweiz mit der Stadt Echternach hat einige naturgeschaffene, sehenswerte Höhepunkte zu bieten. Der Ort Berdorf gilt als Herz und Mittelpunkt einer einzigartigen Felsenlandschaft. Der Name dieser hügeligen Region wird hergeleitet vom Aussehen ähnlicher Landschaftsformen der Eidgenossen der weiter südlich gelegenen Alpenrepublik.

Dem Besucher eröffnet sich hier eine vielfältige Naturlandschaft, die von bizarren, bis zu 20 Meter hohen Sandsteinformationen bestimmt wird, welche von romantischen Bachtälern durchschnitten werden. Imposante Schluchten beherrschen im Gegensatz zu sanft anmutenden Wiesentälern und dunklen Wäldern die Landschaft.

Um den Menschen das gesamte Naturspektakel näherzubringen, stehen drei Wanderwege durch das Mullerthal mit einer Gesamtlänge von 110 Kilometern zur Verfügung. Diese Wanderwege setzen sich aus drei Etappen zwischen 33 und 40 Kilometern in den Kategorien mittel bis schwer zusammen.

▶ *Der Schiessentümpel*
in der Region Mullerthal.

Wohlfühlen in Germania?

Nicht nur Zülpich zeigt römische Bade- und Wohnkultur

Als die Römer nach Germanien vorstießen, fanden sie hier ein ganz anderes Klima vor als in ihrer Heimat.

Was sie im rauen Mitteleuropa vermissten, waren die vielen Sonnenstunden und das warme Wasser, um darin auszuspannen und ein »Kläfchen« zu halten, wie wir es im Rheinland ausdrücken.

Für sie war wichtig, nicht auf ihre täglichen Annehmlichkeiten verzichten zu müssen, die sie aus ihrer Heimat kannten. Bei ihrem Wohlbefinden stand immer das Wasser im Vordergrund.

Bereits von den Kelten gegründet und von den Römern ausgebaut wurde *Tolbiacum*, das heutige Zülpich. Hier kreuzten sich die römischen Fernstraßen Köln–Reims und Trier–Xanten. An diesem Knotenpunkt entstanden Herbergen und Wirtshäuser. In Stationen und Stallungen wurden Pferde gewechselt und versorgt. Sogar Läden mit Waren des täglichen Bedarfs waren vorhanden. Eine intakte Versorgung, Infrastruktur und Gemeinschaft war hier entstanden.

Bereits im 2. Jahrhundert errichteten die Römer bei Zülpich nach ihren Vorstellungen eine Therme, die einen gewissen Luxus in den Alltag dort draußen auf dem Land bringen sollte. Das Badehaus mit Wasser unterschiedlicher Temperaturen war auch den Durchreisenden zugänglich.

Die Anreise von Köln nach Zülpich dauerte einen ganzen Tag. Danach konnte warmes Wasser für eine angenehme Entspannung sorgen.

Da der Zuspruch und die Anforderungen an diese angenehmen Seiten des Lebens stiegen, musste nach und nach die Therme in mehreren Bauabschnitten erweitert werden.

Verdienten Legionären und Veteranen wurden zu dieser Zeit als spätere Altersversorgung Ländereien zugeteilt. Es entstanden römische Villen, die nach dem architektonischen

Vorbild aus heimatlichen Gefilden konzipiert waren. Verbreitet waren Fußbodenheizungen, sogenannte Hypokausten, die eine angenehme Wärme in den Räumen verteilten. Zudem verschönerten wertvolle und kunstvolle Mosaike das optische Bild. Fließendes Wasser gehörte zum täglichen Leben.

Besonders in der Nähe von großen römischen Verbindungsstraßen, die neben zivilen, logistischen Zwecken in erster Linie militärisch-strategischen Zielen dienten, errichteten reiche Römer ihre Gutshöfe (*villae rusticae*, pl.). Reste derartiger Anwesen wurden z. B.

Römerthermen Zülpich, Feuerstelle mit Blick in die Ausstellung. Links im Hintergrund freigelegte Hypokausten.

in Zülpich-Hoven gefunden, aber auch in Blankenheim, Kreuzweingarten oder Roderath. Typisch und herausragend war das herrschaftliche Haupthaus, das sich durch sein Erscheinungsbild und die Einrichtung stets besonders hervorhob. Weitere Bauabschnitte für Knechte und Mägde schlossen sich an. Ställe für Tiere und Scheunen zur Einlagerung von Futter und anderen Dingen gehörten dazu. Hecken, Zäune oder Mauern umgaben die Anwesen und schützten die Bewohner vor neugierigen Blicken. Zum Luxus gehörten selbstverständlich wiederum wärmespendende Anlagen.

Bereits 1931 wurden die Reste der Zülpicher Therme teilweise freigelegt. Die Archäologen bezeichneten sie als besterhaltene Anlage ihrer Art nördlich der Alpen. Sie wurde als ein Bodendenkmal von nationalem Rang eingestuft.

Im Jahr 1997 wurde dann darüber ein moderner Museumsbau zum Schutz dieses Bodendenkmals errichtet. Anschaulich ist dort heute die Badekultur von 2 000 Jahren nachzuvollziehen. Mittelpunkt des Museums Römerthermen Zülpich sind die gut erhaltenen Reste des kompletten Badetrakts, in dem Anwendungen mit kaltem, warmem und heißem Wasser erfolgten. Auch Schwitzbäder waren nicht unbekannt.

Auch Trier bot viel Wärme und Gemütlichkeit

Das luxuriöse Badevergnügen der Römer wird besonders deutlich in drei großen Badeanlagen der Stadt Trier, der jüngsten aus dem 4. Jahrhundert, der sogenannten Kaisertherme. Badeanlagen dienten bekanntlich überall bei den Römern als beliebte gesellschaftliche Mittelpunkte, in denen Nachrichten und Neuigkeiten ausgetauscht und weitergegeben wurden. Ein Schwerpunkt lag auf der optischen Ausstattung des Umfelds. Das luxuriöse Ambiente der Treffpunkte zählte zu einer der wichtigsten Voraussetzungen. Zudem musste die Teilnahme für jedermann erschwinglich sein. Nebenbei bemerkt waren im alten Rom auch die öffentlichen Toiletten, Latrinen genannt, beliebte Treffpunkte, an denen Menschen Nachrichten und Informationen austauschten. Daher soll angeblich auch der Begriff des »Latrinengerüchts« herzuleiten sein.

Das klassische Prinzip der römischen Bade- *Die Kaiserthermen in* kultur lag in der Steigerung von niedrigen zu *Trier.* höheren Temperaturen. Selbstverständlich war zuvor eine gründliche Körperreinigung vorzunehmen. Das alles zusammen nahm Zeit in Anspruch, die man sich wirklich nahm. Eile wäre dem Genuss abträglich gewesen.

Der Zufall brachte es an den Tag

Schon häufig brachte der Zufall alte römische Anlagen bei Grabungs- und Ausschachtungsarbeiten zutage. Köln ist ein gutes Beispiel dafür. Aber auch im kleineren Rahmen haben derartige archäologische Ereignisse für Aufmerksamkeit gesorgt.

So ereignete es sich im März 1980 bei Arbeiten an der Umgehungsstraße 267 von Bad Neuenahr-Ahrweiler. Ein Bagger fraß sich in den Boden, bis seine riesige Schaufel plötzlich auf etwas Hartes stieß. Es waren Mauern, die sich als Reste des Herrenhauses eines römischen Gutshofes aus dem 2. bis 3. Jahrhundert entpuppten. Damit hatte niemand gerechnet, zumal keinerlei Überlieferungen darauf hinwiesen hatten. Die gut erhaltenen Mauern mit ihren farbigen, dekorativen Wandmalereien dieses Zufallsfundes versetzten die Archäologen in Staunen. Sie sprachen von einem Sensationsfund, mit keinem anderen nördlich der Alpen zu vergleichen.

Ganze zehn Jahre dauerten die Ausgrabungen und Sicherungsarbeiten durch die Fachleute der Koblenzer Landesdenkmalbehörde.

Um der Nachwelt den sensationellen Fund zu erhalten, entstand über der Ausgrabungsstätte ein moderner und funktioneller Museumsbau. Im Mai 1993 wurde dieser als Museum Roemervilla der Öffentlichkeit zugänglich gemacht.

Auch am Ahrweiler Fundort existieren eine Badeanlage und eine vollkommen erhaltene Fußbodenheizung. Ganz deutlich ist zu erkennen, wo die Küche ihren Platz hatte. Aber auch Gegenstände des täglichen Lebens wie Tafelgeschirr oder Haarnadeln konnten gesichert werden und sind als Exponate heute dort zu besichtigen.

Dem Besucher wird auf einem Rundgang nicht nur die gehobene römische Wohnkultur vermittelt, sondern auch gleichzeitig ein Einblick in die Lebensart und den Komfort vor fast 2 000 Jahren gewährt.

Auf den Ausbau der geplanten Abfahrt von der Bundesstraße musste übrigens nicht verzichtet werden. Wie eine Insel fügt sich das Museum Roemervilla eng umschlungen von B 267 und der Abfahrtsschleife nach Ahrweiler *Museum Römervilla,* in die Landschaft ein, auf einer Seite umgeben *Innenansicht.* von den Ahrweiler Weinkulturen.

Grannus lockte Kelten, Caesar und den großen Karl

Aachen und sein warmes Wasser

Aus der lateinischen Ortsbezeichnung *Aqua Granni*, mit der Bedeutung »Wasser des Grannus«, lässt sich herleiten, dass schon zu Zeiten der keltisch-römischen Präsenz die warmen, heilenden Quellen im Bereich des heutigen Aachen genutzt wurden, um Hilfe und Linderung bei körperlichen Leiden zu bringen.

Nachdem Julius Caesar Gallien erobert und die Grenzen des römischen Weltreichs an den Rhein verschoben hatte, wurde das einstige keltische Quellheiligtum bei Aachen zu einem Militärbad in der neuen Provinz Niedergermanien umfunktioniert. Im Jahre 71 n. Chr. wurde eine Legion von Spanien nach Neuss verlegt. Diese errichtete mit Unterstützung der X. Legion in der Nähe des heutigen Aachener Domes eine geräumige Therme. Die Bauzeit kann aufgrund der später aufgefundenen Legionstempel ziemlich genau auf das letzte Jahrzehnt des ersten nachchristlichen Jahrhunderts eingegrenzt werden. Offenbar zur gleichen Zeit begann die VI. Legion nördlich dieser Therme mit dem Bau der Büchel-Therme, die ca. 120 n. Chr. von der XXX. Legion vollendet wurde.

Aufgrund unserer heutigen Möglichkeiten wissen wir, dass es sich um schwefelhaltiges bzw. fluoridhaltiges Natrium-Hydrogencarbonat-Thermalwasser handelt. Dieses verschafft u. a. bei rheumatischen Erkrankungen und degenerativen Erkrankungen des Bewegungsapparats Linderung. Die chemische Zusammensetzung war den Römern noch nicht bekannt. Ausschlaggebend war für sie aber das heilende Ergebnis nach den Anwendungen.

Die Römer zeigten sich zudem gegenüber der Bevölkerung großzügig. Sie gestatteten ihr, an den Badefreuden teilzuhaben.

Die größte Bedeutung erlangte Aachen und seine Bäder während der Zeit unter Karl des Großen. Auch dieser galt als ein großer Freund des ausgiebigen Aufenthalts im Wasser. Sein zeitgenössischer Biograph Einhard bestätigte, dass Karl Freude am »Dampfen der naturwarmen Wasser« hatte und er durch häufiges Schwimmen seinen Körper stählte. Aachen wurde folglich sein Hauptwohnsitz bis zu seinem Tod. Karls überwiegende Präsenz in Aachen erlaubte es ihm, sich mit großem Aufwand für das von ihm so bevorzugte »dampfende Wasser« einzusetzen. Er hatte erkannt, dass diese kostenlose Gabe der Natur genutzt werden und auch der Bevölkerung nicht vorenthalten werden sollte. Daher betrieb er eine zweckmäßige und der damaligen Zeit entsprechende großzügige Verwertung der heißen Quellen. Offensichtlich wurden die großen Badebecken der Büchel-Therme im Rahmen der Errichtung seiner Pfalz renoviert und danach wieder im vollen Umfang genutzt. Es standen große Schwimmbecken zur Verfügung, die teilweise überdacht waren. Die Ausmaße der Badebecken waren so weitläufig, dass gleichzeitig über hundert Badegäste darin bequem Platz fanden. Noch weit über den Tod Karls des Großen hinaus wurden diese Bäder genutzt.

In nachfolgender Zeit kam es zu mehreren Besitzwechseln der Bäder. Im Jahr 1266 gingen sie in das Eigentum der Stadt Aachen über.

Zahlreiche im Mittelalter grassierende Epidemien, insbesondere die Pest, hielten die Menschen zu diesen Zeiten von jeder Benutzung der Bäder ab. Erst später, als diese Krankheiten überwunden waren und den Kräften der Natur eine größere Bedeutung zuteilwurde, entwickelte sich Aachen zu einem Heilbad. Da eine Erweiterung des Bäderbezirks in der 50 Hektar großen Altstadt innerhalb der Stadtmauern nicht möglich war, wurde außerhalb ein Bereich für neue Bäder gefunden. Die Wasserversorgung war gesichert, da Aachen über Thermalwasserquellen an mehreren Stellen verfügt.

Mit dem Einmarsch der französischen Revolutionsheere im Dezember 1792 fand der Badebetrieb für bürgerliche Gäste ein vorläufiges Ende. Kranke und heilbedürftige Soldaten nahmen nun die Hotels und Kurbäder in Anspruch.

Im Jahr 1811 wurden Quellen, Thermen und Bäder dann französisches Staatseigentum. Nach dem Rückzug der Franzosen gelangten sie wieder an Preußen. Friedrich Wilhelm III.

gab sie an die Stadt Aachen zurück und bezuschusste den Wiederaufbau großzügig. Seit dieser Zeit sind die Thermen ununterbrochen im städtischen Eigentum.

Ob Kelten, Römer und Karl der Große die gleichen Wassertemperaturen der Quellen vorfanden, die heute von 45,4° bis 71,1° Celsius reichen, ist doch sehr wahrscheinlich.

Der Aachener Dom.

Typisch Aachen! Wo sonst gibt es noch Printen?

Auf eine weitere Besonderheit, die weltweit bekannten Printen, ist Aachen besonders stolz. Die eigenwillige Sorte des braunen Lebkuchens mit den Zutaten Mehl, Zuckersirup, Honig, Kandis und den Gewürzen Zimt, Koriander, Kardamom, Piment und Nelken sowie zahlreichen anderen Beigaben wird seit ca. 1820 in Aachen gebacken. Printen gelten dort als regional ansässige Spezialität. Natürlich werden nicht alle Zutaten preisgegeben, weil das genaue Rezept ein Geheimnis bleiben soll.

Printenform aus dem 17. Jahrhundert.

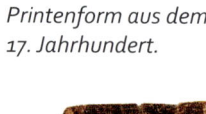

Die Bezeichnung allerdings ist wesentlich älter. Sie stammt aus dem 15. Jahrhundert, als sogenannte Gebildebrote hergestellt wurden. Das waren Teigwaren, die nur zu bestimmten Anlässen gebacken wurden. Sprachlich leitet man die Bezeichnung aus dem englischen *print* oder von dem benachbarten niederländischen *prent* ab.

In eine kunstvoll geschnitzte figürliche Holzform wurde der Teig kräftig eingedrückt, um jede Aussparung des Reliefs auszufüllen. Dadurch präsentierte sich nach dem Backen das gewünschte, makellose Gebilde.

Waren Printen anfänglich nur ein saisonales Produkt, überwiegend zur Weihnachtszeit, werden sie heute ganzjährig hergestellt und vertrieben. Sie sind zum kulinarischen Wahrzeichen der alten Kaiserstadt Aachen geworden.

Weise Frauen als Beschützerinnen

Der römische Matronenkult in Nettersheim

Bis in das 4./5. Jahrhundert herrschte im Eifel-Ardennen-Gebiet ein vielgestaltiger Götterglaube. Diese Religionsformen sind auf gallo-keltischen oder keltischen Ursprung zurückzuführen.

Als die Römer in das heutige Eifelgebiet vordrangen, brachten sie auch ihre Sitten und Gebräuche mit. Dazu zählten ihre Götter sowie ihre religiösen Grundsätze und Gewohnheiten. Zwar wurden die Kelten und Germanen unterworfen, aber gegenüber den regionalen Göttern, deren Verehrung und religiösen Bräuchen zeigten sich die Römer im Allgemeinen sehr tolerant. Das war eine kluge Einstellung und Vorgehensweise, die die Unterjochten nur beschwichtigen konnte. Große Unterschiede zwischen den keltischen und römischen Götterverehrungen wurden, wenn man die Berichte Caesars (*De bello gallico*) heranzieht, ohnehin nicht gesehen.

Der Feldherr verglich sogar die jeweiligen unterschiedlichen Gottheiten miteinander und erkannte Gemeinsamkeiten. Diese brachte er seinen Gefolgsleuten näher. Dadurch kehrte Ruhe und Verständnis gegenüber den Menschen im besetzten Land ein. Im Laufe der Zeit vermischten sich die neuen und ursprünglich vorhandenen Glaubensformen miteinander, wurden eins.

Es spricht also alles dafür, dass Germanen und Gallier unter römischer Herrschaft weiter ihre ursprünglichen Götter verehrten, selbst wenn diese jetzt zum Teil lateinische Namen trugen. Der ursprüngliche Geist ging dadurch keinesfalls verloren.

Es fällt auf, dass die Römer besonders Muttergottheiten verehrten und ihnen vertrauten. Matronen (*matronae*) wurden sie genannt, im Sinn von »ehrwürdige und weise Frauen«. Diese wurden überwiegend in der Dreizahl dargestellt und bildeten die Schar der sogenannten Dreimütter, auch als »Trinität« bezeichnet. Dabei zierte diese Gruppe eine jüngere

Frau in der Mitte mit offenen, schulterlangen Haaren. Rechts und links ergänzten ältere Frauen mit Kopfbedeckungen das Erscheinungsbild. Offenbar sollten dadurch drei Generationen dargestellt werden. Alle drei hielten auf ihrem Schoß Blumen, Ähren oder Obstkörbe. Ein kleines Behältnis mit Weihrauch ergänzte ihre Attribute.

Der römische Matronenkult lässt sich aufgrund vorgefundener und ausgegrabener Weihesteine, von Altären mit figürlichen Darstellungen oder sogar ganzer Tempelbezirke nachweisen.

Ein derartiger sehr bemerkenswerter Fund wurde zur Wende des 19. Jahrhunderts zum 20. Jahrhundert ganz in der Nähe von Münstereifel bei dem Dorf Pesch im Nöthener Wald gemacht und ausgegraben. Die Römer zeigten sich offenbar sehr großzügig bei der »Unterbringung« ihrer Göttinnen. Denn es wurden hier die Grundmauern von insgesamt vier größeren Gebäuden gefunden, zusätzlich von einer Wandelhalle und gemeinsamen Einfriedung umgeben. Sogar ein Brunnen von einem Durchmesser von 1,5 Metern, mit behauenen Steinen ausgemauert, wurde gesichert und konnte erhalten werden.

Matronentempel bei Nettersheim.

On the stone:

MATRONIS
AVFANIABVS
M·PETTRONVS·PAT
ROCLVS·B·COS ITERA
TA STATIONE · V·
S · L · M

Im Innern begrenzten und trennten Säulen mehrere Gebäudeteile. Der bauliche Aufwand dieses Tempelbezirks, den *Matronae Vaccalinhae* geweiht, war schon beträchtlich.

Matronenstein bei Nettersheim.

Ein weiterer, aber kleinerer Tempelbezirk wurde im Jahr 1909 in der Nähe von Nettersheim entdeckt und freigelegt. Bauern waren zuvor beim Bestellen der Felder auf große Steine gestoßen, die mit figürlichen Darstellungen versehen waren. Es waren Weihesteine römischer Göttinnen. Die Archäologen erkannten, dass diese ihren Ursprung um etwa 200 n. Chr. hatten.

Veranlasst durch diesen Fund folgten weitere Grabungen, bei denen die Grundmauern mehrerer Gebäude zutage traten. Es war ein Tempelbezirk, wenn auch kleiner als in Pesch. Bei den Hauptgebäuden in Nettersheim befand sich ebenfalls ein besonderer Umgang, auch als Umgangstempel bezeichnet. Der Innenbau wies die quadratischen Maße von 6 x 6 Metern auf. Zwei daneben errichtete kleinere Kapellen waren wiederum mit einer Mauer umgeben. Das Flurstück, auf dem sich dieser Tempel heute befindet, trägt den Namen »Görresburg«, was auf eine schon frühere Besiedlung schließen lässt. Weitere Funde waren römische Münzen, Tonscherben und Stücke von Säulen und andere Weihesteine.

Wegen des archäologischen Wertes wurden die kostbarsten Fundstücke zum LVR-Landesmuseum nach Bonn zur Aufbewahrung gebracht. Danach überließ man den ganzen Bereich der Natur. Er wurde überwuchert und wuchs vollkommen zu.

Man geht davon aus, dass dieser Tempelbereich vom 2. bis 4. Jahrhundert genutzt wurde. Nach dem Rückzug der Römer wurde er entweder zerstört oder verfiel wegen ausbleibender Aufsicht und Pflege.

Es verging eine lange Zeit, bis im Jahr 1977 das gesamte Areal bei den Archäologen erneut Interesse fand und diese es gründlich freilegten. Zur besseren Darstellung der ehemaligen Ausmaße des Tempelbezirks wurden die Grundmauern mit vier bis fünf Steinschichten aufgemauert. Nachbildungen der Weihesteine wurden dort wieder aufgestellt.

Über achthundert Matronensteine wurden in der ehemaligen römischen Provinz Niedergermanien (*Germania inferior*) gefunden. Diese erstreckte sich westlich des Rheins mit Teilen der Niederlande, Deutschland und Belgien, also auch der heutigen Eifel. Alle Steine tragen lateinische Inschriften, selbst wenn die Stifter nicht römischer Herkunft waren. Das Stiften von derartigen »Göttersteinen« galt dem Schutz der Familie, dem beruflichen Erfolg, der Fruchtbarkeit und war sehr oft mit einem Gelübde verbunden. Zu vergleichen ist es mit dem noch heute üblichen Brauch, Votivtafeln zu stiften.

Weitere Tempelbezirke sind in der Eifel u. a. bekannt bei Mürlenbach im Kreis Bitburg, Nattenheim und Pelm im Kreis Daun.

Einst gefährlich und geheimnisvoll – Besucher heute willkommen

Einstige Erzgewinnung in Bleialf

Die Eifel mit ihren Seen, Bergen, Quellen und einem einzigartigen Reichtum an Flora, Fauna und unzähligen anderen Sehenswürdigkeiten zieht jährlich viele Menschen an, die sich daran erfreuen. Aber nicht nur an der Erdoberfläche hält die Eifel einiges bereit, sondern auch versteckt, tief unten, wo es dunkel ist und wo künstliches Licht für die dort zu verrichtenden Arbeiten benötigt wird.

Die Menschen in der Eifel hatten schon in frühester Zeit erkannt, dass sich auch in der Erde reiche Schätze verbargen, so wie die im Gestein enthaltenen Erze. Diese mussten aber erst einmal mit harter körperlicher und gefährlicher Arbeit an das Tageslicht geschafft werden.

Blicken wir einmal nach Bleialf und Buchet in der Schneifel, westlich von Prüm. Es handelt sich um eine Region, die unter der Erde eine große Menge von Erzen verbarg. Hier lohnte es sich wirklich, diese für eine spätere Weiterverarbeitung an das Tageslicht zu befördern.

Bereits in einer Urkunde aus dem 11. Jahrhundert ist der Blei-Abbau bei Bleialf erwähnt. Allerdings wurde er zu dieser Zeit nur in oberflächlichen Bereichen betrieben, eigentlich unspektakulär, fast gefahrlos. Das Vordringen in tiefere Erdbereiche war damals wegen noch nicht vorhandener technischer Mittel kaum möglich. Es fehlten die Erfahrungen im Abstützen von Stollenwänden und die Möglichkeiten des Ableitens und Fernhaltens von eindringendem, allgegenwärtigem Wasser in den Arbeitsbereichen. Die Leistungen der damals vorhandenen Pumpen waren eher unzureichend, um ein Vordringen in tiefere Ebenen zu wagen.

Erst vom 16. bis 17. Jahrhundert verbesserten sich diesbezüglich die technischen Möglichkeiten. Die Absenkung des Grundwassers gelang. Es konnte ein gezielter und richtungsweisender Abbau von Erzen unter Tage eingeleitet und vorangetrieben werden. Das brachte zu dieser Zeit bis zu vierhundert Bergarbeitern eine Beschäftigung. Allerdings lag vor den wagemutigen Männern nur eine Lebenserwartung von 40 bis 45 Jahren.

Im Jahr 1954 wurden die Schürfungen eingestellt. Um allerdings der Nachwelt ein Beispiel für die harte und gefährliche Arbeit im Stollen zu geben, wurde in Zusammenarbeit mit dem Bergmannverein St. Barbara in Bleialf der Mühlenberger Stollen der Grube Neue Hoffnung so aufbereitet und zugänglich gemacht, dass dort 1986 ein Besucherbergwerk eröffnet werden konnte. Auf über 100 Metern Länge wird hier anschaulich das frühere Arbeiten unter Tage vermittelt.

Graffiti unter Tage ...
Grube Wohlfahrt Rescheid bei Hellenthal

Überall sieht man sie, manchmal sogar schön anzusehen, farbenfreudig, auf besondere Art graue Mauern auffrischend, soweit es sich nicht um Sachbeschädigungen handelt. Lange bevor diese Spraymalerei bei uns Einzug gehalten hat, gab es schon Graffiti in der Eifel, nur nicht gerade so bunt und deutlich sichtbar. Doch dazu später mehr.

Nicht nur in Bleialf und Buchet existierten Bergwerke. Ein weiteres interessantes Besucherbergwerk ist nach der Stilllegung der Hauptgrube in Rescheid bei Hellenthal entstanden, die Grube Wohlfahrt. Bereits im Jahr 1543 wurde der kleine Ort Rescheid erstmals im Zusammenhang mit dem Erzbergbau erwähnt.

Heute sind es ganze 900 Meter interessante und informative Strecke, die seit der Eröffnung im Jahr 1993 besichtigt werden können. Stollen, deren Entstehung bis in das 16. Jahrhundert zurückgehen, werden dargestellt, aber auch der damalige technische Fortschritt wird deutlich in Form einer einst elektrisch betriebenen Grubenbahn.

22 sogenannte Lichtlöcher, senkrecht nach oben bis an das Tageslicht reichende Öffnungen mit einem Abstand von

48

50 Metern, versorgten die Arbeiter unter Tage mit frischer Luft. In zweiter Linie dienten diese kleinen Schächte aber auch als Arbeitszugänge zu sogenannten Wasserlösungsstollen. Diese hatten die Aufgabe, die Grube auf Dauer zur ungehinderten Bleierzschürfung wasserfrei zu halten. Der Gedanke, dass sich Grubenarbeiter in diesen engen Öffnungen nach unten vorarbeiten mussten, um an bestimmten Stellen den horizontalen Stollen gleichzeitig nach zwei Seiten voranzutreiben, lässt die eigene Platzangst erwachen. Auch der horizontale, mit kleinem Abflussgefälle versehene Entwässerungsstollen bot nicht mehr räumlichen Komfort. Der sogenannte Alte Tiefe Stollen hatte lediglich eine Höhe von 90 und eine Breite von 60 Zentimetern. Es war ein Arbeitsplatz

Grube Wohlfahrt in Rescheid, Astertgang.

mit den schwersten Bedingungen. Nur kniend konnte hier gearbeitet werden. Dieser Entsorgungsstollen war aus technischen Gründen erforderlich, um ein »Absaufen« der Stollen zu verhindern.

Viele interessante Aspekte aus den Anfängen des Bergbaus lassen einen Besuch hier zum unvergesslichen Erlebnis werden. Und wieder einmal könnte es sein, dass es die Römer waren, die o. g. Lichtlochtechnik mitgebracht haben.

Doch nun zurück zu den eben erwähnten Graffitis unter Tage. Diese sind allerdings nicht gesprüht, wie sonst allerorts üblich. Es handelt sich um Zeichen und Darstellungen, die die Bergleute in die glatten Steinwände im Tiefen Stollen dieser Grube zwischen 1893 und 1905 eingeritzt und sich auf diese Weise verewigt haben. Sie können bei einem Grubenbesuch besichtigt werden.

Noch ein Bleibergwerk – die Grube Günnersdorf

Es waren mal wieder die Kelten und Römer, die sich der Bodenschätze im Bereich des heutigen Mechernich bedienten. Von unter Tage brachten sie Bleierz hervor, das dann oben entsprechend verarbeitet wurde.

Die dann später im Vergleich schon sehr fortschrittliche Grube Günnersdorf entstand in der zweiten Hälfte des 19. Jahrhunderts. Im Jahr 1957 wurde sie schließlich stillgelegt. Die Blütezeit des Bergbaus war vorüber, ein Weiterbetreiben uninteressant und unwirtschaftlich.

Erst in den 1990er Jahren besann man sich des alten Bergwerks und legte es in einigen Teilen wieder frei. Es entstand auch hier ein Besucherbergwerk und ein angegliedertes, themenbezogenes Museum, in dem den Besuchern die Erzgewinnung unter schwierigsten Bedingungen früherer Zeiten bei Temperaturen unter 10 ° Celsius dargestellt wird.

◤ Tief im Stollen, Bergbaumuseum Mechernich.

▶ Grube Wohlfahrt in Rescheid, Graffiti.

Kupfer und Zink werden eins

Das »Stolberger Gold« aus der ältesten Messingstadt der Welt

In einem Quiz wurde einmal die Frage nach den größten Messingvorkommen in Deutschland gestellt. Eigentlich eine offensichtlich beabsichtigte Fangfrage, da mit dem Wort »Vorkommen« eine Grube, ein Bergwerk oder eine andere Fundstelle suggeriert wurde.

Der Kandidat beantwortete die Frage mit »Stolberg« und hatte damit voll ins Schwarze getroffen. Als er dann auch noch ergänzte, dass es sich bei Messing um eine Legierung von Kupfer und Zink handele und nicht um ein fertig bestehendes und zu schürfendes Metall, war der Quizmaster erst einmal sprachlos.

Stolberg bei Aachen ist in der Tat die älteste Stadt der Welt, in der die Messingherstellung betrieben wurde. Die erste urkundliche Erwähnung stammt aus dem Jahr 1118, gesiegelt von Ranardus von Stalburg. Abgesehen von schriftlichen Aufzeichnungen belegen archäologische Funde, dass schon vor 12 000 Jahren Menschen hier tätig waren und die Grundlage zu metallgewinnenden und -verarbeitenden Tätigkeiten legten. Das lag nahe, da ergiebige Eisenerz- und Zinkspatvorkommen (Galmei) hier vorhanden waren. Sie mussten nur gewonnen und verarbeitet werden. Auch Kelten und Römer führten diese Tätigkeiten fort.

Die Lage Stolbergs bot zudem die besten Voraussetzungen für das metallverarbeitende Handwerk. Mit der in der Nähe vorkommenden Kohle und dem Holz aus den Wäldern wurden Schmelzöfen betrieben. Schon im 13. Jahrhundert diente zudem die Wasserkraft des Vichtbaches dazu, die Hammerwerke und Gebläse ohne großen menschlichen Kraftaufwand anzutreiben. Ende des 16. Jahrhunderts führten Kupfermeister, die sich in Stolberg angesiedelt hatten, die Messingerzeugung zur höchsten Blüte. Im Vergleich zu den in Aachen tätigen Kupfererzeugern unterstanden die

Stolberger nicht den strengen Zunftstatuten. Das veranlasste viele in dieser Zunft tätige Menschen, von Aachen nach Stolberg überzusiedeln. Zudem herrschten um 1600 in Aachen Glaubenskämpfe: Protestantische Handwerker entgingen diesen mit dem Wegzug nach Stolberg.

Während der Reichtum der Kupfermeister ständig wuchs, war es um die Ofen- und Mühlenknechte viel schlechter bestellt. Sie mussten die Öfen heizen und das Erz mahlen. Nach zwölf Stunden harter Arbeit sanken sie auf ihr Nachtlager neben ihrem Arbeitsplatz. Der Weg zu ihren Familien war zu weit, zeit- und kräfteraubend.

Auch zu dieser Zeit gab es Zeitgenossen, die die Arbeit scheuten und sich die fertigen Produkte durch Raub aneigneten. Daher wur- *Stolberger Burg vom Rathaus aus gesehen.*

den die Kupferhöfe so ausgebaut, dass sie den Charakter einer kleinen Wehranlage aufwiesen. Es entstanden sichere Innenbereiche, starke Bruchsteinmauern trotzten Angriffen, und Wassergräben erschwerten zudem eine Annäherung. Lediglich die Schornsteine, die neben dem Herrenhaus aufragten, gaben den eindeutigen Hinweis, dass es sich um eine Industrieanlage handelte. Einige der Höfe können heute noch in Stolberg besichtigt werden.

Nichts ist so zuverlässig wie der Wandel. So war es auch in Stolberg. Als die Messingindustrie um 1800 nicht mehr so florierte, waren die Kupfermeister gezwungen, sich anderweitige Beschäftigungsmöglichkeiten zu schaffen. Dabei boten sich auch wieder die natürlichen Vorkommen der Rohmaterialien in dieser Region an. Mit dem vorhandenen Quarzsand, Soda und Kalk sowie Holz und Kohle war schnell der neue Erwerbszweig der Glasherstellung geschaffen.

Kupferhof Rosental. Allerdings mangelte es zunächst an der Erfah-

rung, das neue Rohmaterial richtig zu verarbeiten. Daher wurden gelernte Kräfte aus dem Schwarzwald angeworben, die die Fertigkeit des neuen Handwerks vermitteln sollten. Und die Pläne gingen tatsächlich auf. Es entwickelten sich nach und nach insgesamt elf Betriebe, die sich auf die Glasherstellung spezialisierten und damit einen neuen Weg nach dem Niedergang der Messingindustrie beschritten. Heute gibt es nur noch einen Betrieb dieser Art, der sich rechtzeitig den gegenwärtigen Erfordernissen angepasst hat und u. a. Sicherheitsglas für die Autoindustrie produziert.

Als weithin sichtbares, mächtiges Wahrzeichen thront die Burg mitten in der Stadt über den Häusern von Stolberg. Den Fuß des Burgbergs umgibt die malerische Altstadt. Dieses sehenswerte Ensemble zählt mittlerweile zu den bedeutendsten historischen Stadtkernen Nordrhein-Westfalens.

Neben der Tatsache, dass Stolberg die älteste Messingstadt der Welt ist, kommt noch

Galmeiveilchen (Viola calaminaria).

eine »weltweite Einzigartigkeit« hinzu, auf die die Stolberger besonders stolz sind. Rund um die Stadt auf den ehemaligen Erzfeldern existiert eine einzigartige Galmeiflora. Es handelt sich hierbei um das Galmeiveilchen, das sich mit seiner gelben Blüte präsentiert und zur gleichen Pflanzenfamilie gehört wie das Stiefmütterchen. Es gedeiht nur in Symbiose mit dem hier vorkommenden noch immer erzhaltigen Untergrund und darf weder gepflückt noch ausgegraben werden. Die großen Flächen, auf denen sich diese Pflanze im Gebiet um Stolberg ausbreitet, sind als Naturschutzgebiete ausgewiesen. Während der Blütezeit von April bis Oktober besuchen viele Botaniker aus aller Welt diese einzigartige Schöpfung der Natur. Wie der Ginster in

Stolberger Altstadt am Abend.

der Vulkaneifel auf kargem, nährstoffarmem Boden, hat das Galmeiveilchen hier seine speziellen Wachstumsvoraussetzungen gefunden.

Und noch etwas ist zu erwähnen im Zusammenhang mit den Handwerkern, was uns nun von der Flora wegführt – die Mircken. Als Mirck wurden Handels- und Herstellungszeichen von Handwerkermeistern bezeichnet, sozusagen als persönliches Marken- und Identifizierungsmerkmal. Diese bestanden aus unverkennbaren Strichen, Kreisen oder auch Initialen des Meisters und wurden in die Produkte eingeritzt, um die Herkunft der Ware zweifelsfrei zuordnen zu können. Ein ähnliches System praktizierten auch schon Steinmetze an ihren Arbeiten, z. B. an Kathedralen. Rechtsstreitigkeiten blieben nicht aus, wenn jemand angesehene und bekannte Mircken kopierte, um sein vielleicht weniger gutes Produkt als höherwertig zu deklarieren.

Von einem Prozess ist bekannt, dass dieser von 1591 bis 1606 dauerte, dem Todesjahr des Klägers.

In Stolberg waren auch manche Kupferhöfe an Haustüren oder Einfahrten mit Mircken gekennzeichnet.

Wenn eine Straße verschwindet und Biber Burgen bauen

Nicht weit entfernt zwischen Stolberg und Hürtgenwald gibt es tatsächlich so etwas. Dort verschwindet einfach eine Straße im Wehebach-Stausee.

Im Vergleich zu anderen Stauseen in der Eifel ist die Wehebach-Talsperre verhältnismäßig jung. Aus Gründen des Hochwasserschutzes, der Trinkwasserversorgung und als Reserve während niederschlagsarmer Zeiten wurde sie 1983 in Dienst gestellt. Die Ableitung aus dem See erfolgt zur Inde und Rur. Das Wasserreservoir besteht aus drei Armen, die sich von oben betrachtet und mit etwas Fantasie wie ein nach links schreitender Steinbock darstellt. Beim Füllen des Sees versank die Verbindungsstraße zwischen Schevenhütte und Großhau und endet hier. Weil auf entsprechende Pflegearbeiten verzichtet wird, wächst die Trasse langsam zu.

Wehebachtal (Kreis Düren).

Jegliche sportliche Aktivitäten im und auf dem Wasser sind zum Erhalt der Trinkwasserqualität untersagt. Dadurch herrscht natürlich die Ruhe, die bestimmte Tiere bevorzugen, um ihren Lebensmittelpunkt hier zu begründen. So haben Biber an dieser Stelle ein Zuhause gefunden und fühlen sich offenbar in ihren zahlreichen Burgen wohl.

Bereits zwei Jahre vor Inbetriebnahme des Staudamms wurde ein Wiederansiedlungsprojekt mit Bibern ganz in der Nähe begonnen, so dass diese Nager 1983 die besten Voraussetzungen vorfanden und sich gleich heimisch fühlten.

Das Hin und Her einer Reliquie

Düren, an der nördlichen Grenze der Eifel gelegen, bewahrt in der Hauptkirche eine Besonderheit auf: die Reliquie der hl.

Anna. Es gab viel Wirbel, bis diese dort ihren endgültigen Platz fand, nachdem letztlich von höchster kirchlicher Instanz ein Machtwort über ihren Verbleib gesprochen wurde.

Die Reliquie, die bereits im Jahre 1212 von Bethlehem nach Mainz gebracht worden war und seitdem dort in der St.-Stephan-Kirche ihren Ruheplatz gefunden hatte, wurde Ende November 1500 von einem Steinmetz aus Kornelimünster gestohlen. Einen Tag nach Weihnachten begaben sich ein Kartäuserbruder aus Mainz und eine Begleitung auf den Weg dorthin. Auf den dreisten Diebstahl angesprochen, erklärte der Abt des Klosters, dass er selbst schon die Reliquie nach Düren zu Franziskanermönchen gebracht habe. Von dort sollte sie wieder nach Mainz zurückgebracht werden. Da die Entfernung von Kornelimünster nach Düren nicht so groß war, eilten die Mainzer Abgesandten sofort nach Düren. Sicherheitshalber wollten sie selbst die Reliquie wieder in Empfang nehmen und nach

Annaschrein in der Annakirche in Düren.

Mainz zurückbringen. Allerdings kam ihnen der Stadtrat von Düren zuvor, der auf Anordnung des Herzogs von Jülich die Heiligen Gebeine an sich nahm. Unverrichteter Dinge fuhren die Mainzer sehr enttäuscht nach Hause zurück, zumal sie schon so nahe an dem »Diebesgut« gewesen waren. Aber damit wollten sie die Angelegenheit keinesfalls auf sich beruhen lassen. Sie wandten sich an die Erzbischöfe von Mainz und Köln. Trotz eines darauf folgenden langen Rechtsstreites gelang es nicht, die Herausgabe der Reliquie zu erreichen. Die Bemühungen gingen weiter und waren schließlich endlich von Erfolg gekrönt. Das Verfahren war bis zu Papst Julius II. gelangt, der am 18. März 1506 durch einen Erlass entschied, dass die Reliquie für immer in Düren bleiben sollte. So hatte ein anfänglich unredliches Handeln mit langem nachfolgenden Rechtsstreit zu einem Erfolg für die Dürener geführt. Das Andenken der hl. Anna fand seitdem in einem prachtvollen Schrein seinen Platz in der Martinskirche. Diese wurde allerdings noch im gleichen Jahr in Annakirche umbenannt.

Seitdem wird alljährlich die Annakirmes, beginnend am Namenstag dieser Heiligen, dem 26. Juli, in Düren ganz groß gefeiert. Sie gilt als eines der größten Volksfeste Deutschlands mit einem Besucherstrom von fast einer Million Menschen.

Ansichten eines Clowns und das Ende einer Dienstfahrt

Unweit von Düren in südlicher Richtung in der Gemeinde Kreuzau-Langenbroich finden wir eine Besonderheit. Wer die Überschrift richtig deutet, wird sofort verstehen, was damit gemeint ist. Der Literaturnobelpreisträger von 1972, Heinrich Böll, hat hier in einem von ihm 1966 erworbenen kleinen umgebauten Bauernhaus bis zu seinem Tod 1985 gelebt.

Er war nicht nur bekannt für seine weltweit bekannten literarischen Veröffentlichungen. Sein Engagement und die Hilfsbereitschaft für in Not geratene Schriftsteller, vor allem für politisch Verfolgte, waren außergewöhnlich.

Es fanden z. B. die bekannten politischen Flüchtlinge Lew Kopelev und Alexander Solschenizyn Zuflucht und sichere Unterkunft in Langenbroich.

Auch nach dem Tod von Heinrich Böll im Jahr 1985 blieb sein Haus weiterhin für den gleichen benachteiligten Personenkreis geöffnet. Der Verein Heinrich-Böll-Haus Langenbroich e. V. renovierte und baute in Zusammenarbeit mit der Familie Böll und mit Unterstützung der NRW-Stiftung das Haus aus, so dass nun insgesamt vier Wohnungen zur Verfügung stehen. Hier können die Bewohner für einen begrenzten Zeitraum in einer Oase der Ruhe und Stille ohne lästigen Medientrubel ungestört ihren Arbeiten nachgehen.

Eine sachkundige und unabhängige Jury legt fest, wem die Vorteile der Heinrich-Böll-Stiftung zuteilwerden sollen.

Heinrich-Böll-Haus in Langenbroich.

Ora et labora, aber auch Schweigen erreicht Gottes Ohr

Kloster Mariawald und die Vielfalt des klösterlichen Lebens

Das Kloster Mariawald, oberhalb des Ortes Heimbach im Naturpark Hohes Venn – Eifel, ist eines der herausragenden Klöster der Eifel, besonders, wenn man auf die Anfänge zurückblickt. Diese waren zunächst sehr unspektakulär. Als nämlich im Jahre 1470 der Dachdecker Heinrich Fluitter aus Heimbach mit seinem Pferdewagen nach Köln fuhr, um dort notwendige Waren einzukaufen, ahnte noch niemand, dass er für die spätere Klostergründung Mariawald ausschlaggebend sein sollte. In einem Laden entdeckte er eine Pietà, die es ihm sogleich angetan hatte. Als er diese erwerben wollte, war er aber nicht in der Lage, den geforderten Preis dafür sofort zu entrichten. Der Händler, selbst ein gottesfürchtiger Mann, erkannte, dass der Kunde aus der Eifel das Bildnis unbedingt besitzen wollte. Weil er diesen im Gespräch als ehrlich einschätzte, räumte er eine Ratenzahlung ein, wie wir es heute nennen würden. Bei jedem weiteren Aufenthalt in Köln sollte Fluitter einen Teilbetrag bei dem Händler entrichten.

Stolz auf seinen Erwerb, fuhr der Heimbacher in Richtung Heimat zurück. Das Bildnis lag gut verpackt auf der Ladefläche. Ihm war bewusst, dass seine Frau den Kauf nicht billigen würde, da andere Dinge im Haus nötiger gewesen wären. Hinzu kam der Makel, dass der Kauf auf Abzahlung erfolgt war. Fluitter entschied daher, das Bildnis in einem hohlen Buchenstamm im Wald nahe Heimbach zurückzulassen, zur Verehrung der Gottesmutter. Dieser Platz hatte allerdings einen Nachteil. Er war einsam und wenig zugänglich. Der ursprüngliche Gedanke, dass das Bildnis gläubigen Menschen zur Verehrung der Gottesmutter dienen sollte, kam nicht zum Tragen. Fluitter baute daher an einer besser erreichbaren Wegekreuzung eine kleine hölzerne Kapelle zum Schutz der Pietà vor

Wind und Wetter. Seitdem gelangten immer mehr Menschen zu dieser Stelle. Als sich dieser Ort schnell zu einer richtigen Pilgerstätte entwickelte, errichtete sich Fluitter daneben eine kleine bescheidene Unterkunft und betreute das Bildnis bis zu seinem Tod.

Der damalige Pfarrer Johann Daum aus Heimbach veranlasste dann 1479, dass die kleine Holzkapelle durch eine größere Kirche aus Holz ersetzt wurde. Zur Betreuung der nicht endenden Pilgerschar und des Anwesens bat er die Zisterziensermönche aus dem Kloster Bottenbroich (bei Kerpen/Rheinland), diese Aufgabe zu übernehmen. Nachdem der Pfar-

Abtei Mariawald, heute noch von Trappisten bewohnt.

63

rer die Kirche mit der Pietà Ende 1480 dem Orden geschenkt hatte, wurde an dieser Stelle mit dem Bau eines Klosters begonnen. Die Kirche konnte bereits im September 1481 eingeweiht werden. Fünf Jahre später zog die erste Mönchsgemeinschaft in die Klostergebäude ein. Der Baubeginn einer steinernen Kirche lag im Jahr 1494. Vollendet wurde diese 1539. Es folgten unruhige, von Krieg und Entbehrungen geprägte Jahre. Besonders der Dreißigjährige Krieg hinterließ deutliche Spuren. Bis zum Beginn der Französischen Revolution herrschte dann ein ruhiges Klosterleben. Als das Kloster in französische Hände kam, wurde es aufgehoben. Die Pietà konnte unversehrt gerettet und mit einem Antwerpener Altar in die Heimbacher Clemenskirche gebracht werden, heute zu betrachten in der St.-Salvatorkirche von Heimbach.

Einen Neuanfang in Mariawald machten Trappisten im Jahr 1860. Bezeichnend sind ihre strengen Schweigeregeln und die weltabgeschiedenen Gebets- und Bußauflagen. Wegen ihrer Kleidung werden die Trappisten auch die weißen Mönche genannt.

Im September 1909 wurde Mariawald zur Abtei erhoben. Allerdings blieben die Mönche indirekt vom Kriegsdienst in den beiden folgenden Kriegen nicht verschont. Am Westwall tätige Arbeiter bezogen die freien Plätze im Kloster. Im Jahr 1941 wurde das Kloster erneut aufgelöst, angeblich wegen »staatsfeindlicher Aktivitäten«, eine damals häufig vorgebrachte Begründung für derartige Maßnahmen. Als 1944 die Front näherrückte, dienten die Klostergebäude als Feldlazarett, in dem über vierhundert verwundete Menschen starben. Nach den Zerstörungen während der Ardennenoffensive ruhten dort zunächst jegliche Aktivitäten.

Von 1945 bis 1959 dauerte es schließlich, bis die Kriegsschäden beseitigt werden waren und das klösterliche Leben wieder aufgenommen werden konnte.

Mariawald ist das einzige Kloster des Trappistenordens in Deutschland. Weit über die Grenzen der Eifel bekannt ist die schmackhafte Erbsensuppe (mit Bockwurst), dessen Rezept in 1950er Jahren von den Mönchen selbst »erkocht« und für gut befunden wurde und traditionell in der Klostergaststätte angeboten wird.

Ein Kleinod am Laacher See

Die Eifel bietet noch mehr an Klöstern, wie z. B. die Benediktinerabtei Maria Laach, wohl die bekannteste von allen. Sie ist wesentlich älter als Mariawald. Bereits im Jahr 1093 gründete Pfalzgraf Heinrich II. das Kloster Maria ad lacum, also am See, dem heute bekannten Laacher See. Zwar gab dieser vielen Arten von Fischen einen Lebensraum, und der Speisezettel der Mönche wurde durch eiweißhaltige Kost ergänzt. Allerdings bereitete der steigende Wasserstand der Klostergemeinschaft bald große Sorgen. Betrachtet man heute den Abstand zwischen Klostermauern und dem Seeufer, liegen dazwischen große Weideflächen, auf denen die klostereigenen Rinder grasen oder Heu gewonnen wird. Zu den Ursprungszeiten des Klosters stieg allerdings das Wasser nach längeren Regenzeiten oder zur Schneeschmelze an und berührte die Klostermauern. Bedrohlich wurde es, wenn sogar die Basilika und die Wohnbereiche der Mönche betroffen waren. Da das Wasser des Laacher Sees keinen natürlichen

Kombiniertes Blatt- und Tierfries in Maria Laach.

65

Abfluss besaß, musste ein bautechnischer Eingriff Abhilfe schaffen. Der zweite Abt des Klosters Maria Laach (Fulbertus 1152–1177) ergriff die Initiative und ließ einen 880 Meter langen Stollen im südlichen Bereich des Sees durch den Maarwall vortreiben. Das Gefälle zum Nettebach war so berechnet, dass ein schnelles Ausspülen des Stollenbodens verhindert wurde. Nach Abschluss dieser für die damalige Zeit genialen Maßnahme sank die Wasseroberfläche um zweieinhalb Meter. Dadurch wurden im Uferbereich zusätzliche Wiesen- und Weideflächen gewonnen.

Der Fulbertus-Stollen, der nach seinem Initiator benannt wurde, brach allerdings nach hundert Jahren teilweise ein, so dass das Wasser des Laacher Sees wieder langsam anstieg und wieder der ursprüngliche Zustand drohte. Schnell eingeleitete, umfangreiche Reparaturarbeiten führten den Stollen zu seiner ehemaligen Funktion zurück.

Die hochmittelalterliche Klosteranlage gilt als besonderes Kleinod in der Eifel, das jährlich unzählige Gäste aus dem In- und Ausland besuchen. Die sechstürmige Klosterkirche, kunsthistorisch als Pfeilerbasilika bezeichnet, zieht bereits im Eingangsbereich die Blicke der Besucher auf sich. Das sogenannte Paradies, ein fast quadratisches Atrium als Wandelgang mit Säulen und Löwenbrunnen in der Mitte, und der Kreuzgang präsentieren sich mit als die schönsten Denkmäler der romanischen Baukunst in Deutschland.

Noch vor Betreten der Kirche wird man zwar nicht vom Teufel begrüßt, aber zumindest bemerkt. Ein Detail am Eingangsportal zeigt den Widersacher Gottes mit Schreibfeder und einer langen Liste, auf der er angeblich die Sünden der Eintretenden notiert. Wie schließlich der Inhalt der Notizen ausgewertet wird, bleibt zu diesem Zeitpunkt im Dunkeln.

Auch in diesem Kloster der Benediktiner lautet der tägliche Grundsatz: *ora et labora*, bete und arbeite, wovon auch eine ganze Reihe von Handwerksbetrieben zeugt. Die meisten dieser Betriebe, wie Schreinerei und Schlosserei, um nur zwei zu nennen, bilden sogar Externe, d. h. nicht der Klostergemeinschaft Angehörige, aus.

Das Kloster Maria Laach ist autark. Alle Gelder, die ausgegeben werden für Unterhalt, Instandsetzung und Erhaltung, werden zuvor in klostereigenen Betrieben, wie Gärtnerei, Obstanbau, Landwirtschaft, Fischzucht, Hofladen, Buchhandlung mit Verlag und Klosterschänke, selbst erwirtschaftet. Die Vielfalt der Beschäftigungsstätten, die nicht nur allein durch die Klostergemeinschaft aufrechterhalten werden kann, macht das Kloster zu einem wichtigen, verlässlichen und sicheren Arbeitgeber der Region Osteifel.

Eine Tatsache soll hier noch einmal in Erinnerung gerufen werden: Konrad Adenauer, der erste Bundeskanzler der Bundesrepublik Deutschland, *Abteikirche Maria Laach.*

hatte eine besondere Beziehung zu Maria Laach. Nachdem er 1933 nach der Machtergreifung Hitlers als Oberbürgermeister von Köln abgesetzt worden war, musste er diese Stadt verlassen. Er erinnerte sich an seinen alten Schulkameraden Ildefons Herwegen, der seit 1913 der Abt des Klosters Maria Laach war. In einem sehr persönlichen Brief bat Adenauer Herwegen, für kurze Zeit in dessen Klostergemeinschaft unterkommen zu dürfen. Ohne lange zu zögern, gewährte der Abt ihm Unterschlupf. Hier vermutete ihn keiner seiner politischen Widersacher. Eine kleine unscheinbare Pforte an der Rückseite erlaubte es dem prominenten Gast, das Kloster unbemerkt zu verlassen, wenn er nach seinen wissenschaftlichen Studien in der umfangreich ausgestatteten Bibliothek die frische Luft der Eifel genießen wollte. Dies erfolgte stets unter größter Vorsicht. Der Aufenthalt in Maria Laach dauerte länger als vorgesehen. Aus den geplanten zwei Monaten wurde schließlich ein ganzes Jahr.

Von Mönchen und Nachtigallen

Auch das nächste Kloster ist wieder in einem politischen Zusammenhang zu sehen, auch wenn das bei seiner Gründung im Jahr 1135 noch längst nicht abzusehen war.

Es begann damit, dass Bernhard von Clairvaux im Jahr 1112 an die Salm kam und bei der Ansicht des von Höhenzügen umschlossenen Tals gesagt haben soll:»Das ist wirklich ein Eiland für die allerseligste Jungfrau Maria.« Daher gründete er dort das Zisterzienserkloster Himmerod. Zunächst mussten sich die Mönche mit einer einfachen, aus Holz gefertigten Klosteranlage begnügen. Diese war sehr schnell erstellt worden, so dass der Bezug schon 1136 erfolgte. Dieses Provisorium allerdings sollte nach einer längeren Bauzeit im Jahr 1178 durch eine in Stein erbaute romanische Kirche ersetzt werden.

Es folgte eine Blütezeit des Klosters, das sich zum kulturellen, religiösen und wirtschaftlichen Sitz in der Eifel entwickelte.

Im Jahr 1751 wurde mit dem Bau einer neuen Kirche begonnen, die sich allerdings als eine für die Barockzeit untypische Hallenkirche darstellte. Auf einen Glockenturm wurde verzichtet. Das erfolgte im Zeichen des Grundgedankens der Bescheidenheit der Zisterzienser. Dennoch galt sie als größte rheinische Barockkirche. Allerdings nahm man dem Gotteshaus ein wenig der Schlichtheit, indem das mächtige Westportal reichlich verziert wurde. In dieser Form wirkt dieses wie ein starker Turmbau.

Im 19. Jahrhundert endete das Klosterleben mit der Säkularisierung, als die Mönche im Juli 1802 das Kloster verließen. Die Klostergebäude wurden »auf Abbruch« versteigert, das heißt, sie dienten als Steinbruch.

Nach dem Ersten Weltkrieg kamen die Zisterzienser zurück und betrieben den Wiederaufbau des Konventgebäudes, der 1927 abgeschlossen war. Als die Arbeiten an der Barockkirche beginnen sollten, wurde das von den Nationalsozialisten verhindert. Ähnlich wie in Mariawald bei Heimbach wurde Himmerod zum Lazarett umfunktioniert.

Zisterzienserkloster Himmerod.

Erst im Jahre 1960 war es so weit, dass die Kirche wieder aufgebaut war und eingeweiht werden konnte.

Im Jahr 1950 kam die Diskussion auf, ob und wie eine Wiederbewaffnung der jungen Republik erfolgen könnte. Im Auftrag von Bundeskanzler Adenauer trafen sich hohe Militärs zu diesen Gesprächen, die in dem ruhigen und abgelegenen Kloster Himmerod darüber beraten sollten. Das Ergebnis war die sogenannte Himmeroder Denkschrift.

Das Kloster Himmerod ist heute ein Ort, an dem das klösterliche Leben dargestellt wird. In der »Alten Mühle« werden die Besucher in neunhundert Jahre des Zisterzienserordens zurückgeführt. In der Klostergaststätte werden dem Wanderer Erfrischung und Stärkung zuteil.

Das Kloster Steinfeld und die Verehrung mit frischen Äpfeln – Ruhestätte des hl. Hermann-Josef

Mitte des 11. Jahrhunderts wurde das Kloster Steinfeld, auch »Eifelkloster« genannt, gegründet. Es liegt auf einer Anhöhe südlich der Gemeinde Kall. Etwa hundert Jahre später war es eines der bedeutendsten Häuser des Prämonstratenserordens. Wie andere Klöster durchlief Steinfeld auch eine abwechslungsreiche Geschichte. Bis zur Säkularisierung durch die Franzosen im Jahre 1802 blieb es ein einflussreiches kulturelles Zentrum der Nordeifel. Das Gesamtbild der Basilika aus dem 12. Jahrhundert zeigt eine erfrischende Mischung aus romanischer Architektur mit spätgotischer, verspielter Malerei, eine barocke Innenausstattung und Malereien der Renaissance. Keine Stilepoche stört die andere, alle fügen sich gut ein, ergänzen sich und zeigen zudem eine eindeutige, nachvollziehbare Linie der Entwicklung.

Von 1802 bis 1923 stand das Anwesen weltlichen Zwecken zur Verfügung, bis schließlich die Salvatorianer das Kloster übernahmen und neues, religiöses Leben begann.

Steinfeld ist zu einem Wallfahrtsort geworden, weil hier der hl. Hermann-Josef seine letzte Ruhestätte gefunden hat.

Im Alter von 12 Jahren gelangte dieser in das Kloster Steinfeld und wirkte hier später nach Abschluss seiner Studien lange Jahre als Prämonstratensermönch. Er lebte von 1150 bis 1240.

Als Besonderheit fällt dem Besucher das Grabmal des hl. Hermann-Josef auf, das sich nicht etwa versteckt in einer unterirdischen Krypta befindet, sondern im Mittelgang des Hauptschiffes der Kirche errichtet ist. Es besteht aus Urfter Marmor und stellt eine außergewöhnliche Renaissancearbeit dar. Die Gestalt des Heiligen aus Alabaster ruht darauf, an den Seiten umgeben von rotwangigen und gelben frischen Äpfeln. Mancher Besucher nimmt sie in die Hand, um deren Echtheit zu prüfen. Der Legende nach soll der in Köln geborene Hermann als Kind dem Jesuskind einer Muttergottesfigur einen Apfel gereicht haben, den die Heilige entgegennahm. Hermann bekam dadurch den weiteren Namen Josef. In der Kölner Kirche Maria im Kapitol erfolgt die gleiche Verehrung.

Besonders stolz ist man in Steinfeld auf die Orgel, deren Ursprung auf das Jahr 1600 zurückreicht. Konzerte in der Kirche mit hervorragender Akustik des Innenraums werden sehr gerne besucht.

Das Grab des hl. Hermann-Josef im Kloster Steinfeld.

Den Feuerspuckern auf der Spur

Die Deutsche Vulkanstraße

Feuerspucker? Ist das eigentlich nicht gefährlich? Nein, überhaupt nicht, jedenfalls nicht in der Eifel. Nirgendwo anders können wir das einstige feurige Naturereignis als Erbe dieser Region so nahe, spannend und anschaulich erleben. Hier gibt es in Erstaunen versetzende Geologie zum Anfassen, ohne sich die Finger zu verbrennen. Jetzt wird klar, welches »heiße Thema« hier angefasst wird.

Dafür wurde die Deutsche Vulkanstraße ins Leben gerufen. Diese ist eine ausgeschilderte Ferien- und Erlebnisstrecke, die uns zu 39 Sehenswürdigkeiten des Eifelvulkanismus geleitet. Sie führt durch den 2 200 Quadratkilometer großen Natur- und Geopark Vulkaneifel, der sich wiederum aus dem Vulkanpark Brohltal / Laacher See, Vulkanpark Osteifel und dem Geopark in der Westeifel zusammensetzt. Zahlreiche Wissenschaftler haben in sachkundiger Kleinarbeit dafür gesorgt, dass umfangreiches Wissen über das Thema Vulkanismus verständlich vermittelt werden kann.

Auf einer Strecke von 280 Kilometern lernen wir, dass ein Hufeisenkrater nichts mit Pferdefüßen zu tun hat, eine Lavabombe keinen Zünder und ihre gefährlichste Zeit schon hinter sich hat und Dome nicht immer Bischofskirchen sein müssen.

Doch was sind denn Mofetten? Wer sich bisher nicht mit dem Vulkanismus beschäftigt hat, dem dürfte dieser Begriff im täglichen Leben noch nicht begegnet sein. Doch am Ostufer des Lacher Sees sind diese deutlich zu sehen.

Dort brodelt das seichte Wasser im Uferbereich sehr heftig. Kräftige, schnell auftreibende aneinandergereihte Blasen bringen die dort sonst ruhige Wasseroberfläche in heftige Wallungen, als würde das Wasser dort kochen. Diese Erscheinung wird als Mofette bezeichnet. Es handelt sich dabei um aufsteigendes Kohlendioxidgas (CO_2), das sich aus großen Tiefen den Weg nach oben sucht. Das gilt als eindeutiges Zeugnis noch vorhandener vulkanischer Präsenz. Diese Erscheinungen sind merklich heftiger geworden im Vergleich dazu, als ich sie vor vielen Jahren dort entdeckte.

Als im Januar / Februar 1986 der Laacher See zum letzten Mal zugefroren war, wiesen zahlreiche Stellen auf der Eisfläche runde Bereiche in einer anderen farblichen Optik auf. Diese Flächen waren abgesperrt. Auch hier muss aufströmendes CO_2-Gas die Ursache dafür gewesen sein.

Zurück zur Deutschen Vulkanstraße. Diese beginnt am sogenannten Erntekreuz, an einem kleinen Parkplatz zwischen Maria Laach und Mendig. Sie bietet auf ihrem Verlauf mehrere Museen an, die sich selbstverständlich mit dem Vulkanismus beschäftigen. Der Lava-Dome Deutsches Vulkanmuseum in Mendig, das Eifelvulkanmuseum in Daun und das Maarmuseum in Manderscheid erwarten die interessierten Besucher. Jedes dieser Museen ist anders strukturiert. Eindrucksvoll erscheint es in Mendig, wenn sich virtuell glühende Lava durch den Raum schleppt, ein

Vulkanbombe bei Strohn.

Vulkanausbruch nachempfunden wird und unter den Füßen die Erde erzittert; eben eine Rückkehr in die Zeit der Feuerspucker. Die interaktiven Experimentier- und Versuchsstellen garantieren ein wirklichkeitsnah nachempfundenes Naturspektakel.

300 Meter entfernt erwartet den Besucher ein Außenbereich, die sogenannte Museumsley. Hier zeigt ein schweres Hebegerät (Göpelwerk), einst von Pferden bewegt, wie große Lasten aus der unterirdischen Steingewinnung nach oben befördert wurden. Gleichzeitig geben alte Grubenbahnen, auf hoch aufragenden, gemauerten Sockeln installierte Kräne, eine Steinmetzwerkstatt und Werkzeuge einen Einblick in die frühere, schweißtreibende und nicht ungefährliche Arbeit dieses Handwerks.

Als kleines, aber feines Museum präsentiert sich das Eifel-Vulkanmuseum in Daun. Auch hier kann der Vulkanismus durch interaktives Handeln der Besucher sichtbar gemacht und besser verstanden werden. Informationstafeln, Fotos und Exponate vermitteln zudem einen Einblick in die Tätigkeit aktiver Vulkane in Europa und Asien.

Das themenbezogene Maarmuseum in Manderscheid, eingerichtet in einer früheren Turn- und Festhalle, hält eine besondere Sensation bereit. Es ist das sogenannte Eckfelder Urpferd, das im Jahr 1994 ganz in der Nähe im verlandeten Eckfelder Maar gefunden und gesichert wurde. Zwischen 45 und 50 Millionen Jahre ist das Skelett einer trächtigen Stute alt. Viele Wissenschaftler aus aller Welt nehmen jährlich in Manderscheid diesen einmaligen Fund selbst in Augenschein. Nicht weniger interessant sind weitere zahlreiche, im gleichen Maar gefundene Fossilien, Pflanzen und Insekten. Moderne Technik ist auch in diesem Museum unverzichtbar. Entstehung und Aufbau von Kraterseen werden hier nachempfunden und verständlich gemacht.

Doch zurück nach Mendig. Einen besonderen Eindruck vermittelt die siebte Station der Deutschen Vulkanstraße, die Wingertsbergwand. An keiner anderen Stelle wird es so deutlich, mit welchen gewaltigen Druckwellen die letzte Eruption im Laacher-See-Gebiet erfolgte. Bis zu 40 Kilometer weit wurden Steine und Aschen in die Luft geschleudert. Diese

»regneten« dann wieder herab und bauten schließlich »gleich nebenan« Schichten unterschiedlicher Körnung und Struktur von bis zu 60 Metern auf. Es ist nachgewiesen, dass Teile des Aschestaubs sogar bis nach Skandinavien und Italien gelangten. Zwanzig Schautafeln vermitteln am Fuß der imposanten Wand die wichtigsten Informationen.

»Etwas« länger liegt der Beginn des Mayener Grubenfeldes zurück. Während der heftigen Eruption gaben die Flanken dieses sich aufbauenden Schlackenkegels nach und brachen wegen immenser Krafteinwirkungen auseinander. Das führte zu insgesamt drei Lavaströmen, die in südliche Richtung abliefen. Dort erkalteten sie und ließen das Mayener Grubenfeld entstehen. So konnte dann bereits vor 7 000 Jahren mit dem Basaltabbau begonnen werden.

Die Wingertsbergwand ist eine mehrere Hundert Meter lange Tuff- und Bimswand.

Auch die Kelten und später die Römer nutzten diese Gabe der Natur. Die vorhandenen Mengen waren so umfangreich, dass bis in die 1950er Jahre der Abbau erfolgte. Auf einem 2 Kilometer langen Rundweg durch die ehemalige Abbaulandschaft geben über fünfzig Schautafeln nähere Auskünfte über den langen Werdegang des Mayener Grubenfeldes. Das ist eben die Eifel, ein interessantes, buntes und eindrucksvolles Bilderbuch der Geologie, Natur und Geschichte.

Alter Kran im Mayener Grubenfeld.

Hereinspaziert in den Vulkan
Der Arensberg lädt ein

Es ist schon einzigartig, dass ein erloschener Vulkan »eine Tür« öffnet und zu einem Besuch in seinem Innern einlädt. Möglich macht es der Arensberg, die dreißigste Station der Deutschen Vulkanstraße bei Zilsdorf in der Region Hillesheim.

Dieser bedeutende Vulkan aus der Tertiär-Zeit von 561,3 Metern Höhe kann gleich zwei Ausbruchphasen aufweisen, die vor etwa 24 bis 32 Millionen Jahren erfolgten. Zunächst durchbrach das mit großem Druck aufsteigende Magma die darüberliegenden Ton-, Sand-, Kalk-, Buntsandstein- und Muschelkalkschichten. Dabei lösten sich große Teile des Nebengesteins heraus und wurden mit den aufgestiegenen vulkanischen Begleitmassen hinausgeschleudert. Wie heftig die Wucht des Ausbruchs gewesen sein muss, zeigen die heute noch gefundenen einige Kubikmeter großen Steinblöcke. Das weiter durch lockere Schichten aufwärts dringende Magma formte schließlich oben eine gleichmäßige Kuppe. Durch das schnelle Erkalten der Lava nach Ende dieser ersten Ausbruchphase entstanden große, senkrechte Basaltsäulen.

Acht Millionen Jahre später rumorte es wieder in den Tiefen unter dem Vulkan. Ein zweiter Ausbruch bahnte sich an. Die dieses Mal emporgeförderte Basaltlava kühlte im Vergleich zum ersten Ausbruch wesentlich langsamer ab, so dass dünnere Basaltsäulen das Ergebnis waren. Die typischen Formen der Basaltsäulen entstehen übrigens, wenn senkrecht zur Abkühlungsfläche unvermeidbare, sogenannte Schrumpfungsrisse entstehen. An zahlreichen Stellen dieses ehemaligen Abbaugebietes sind sie noch deutlich zu erkennen.

Krater Arensberg aus der Luft gesehen.

*Mosenberg, Vulkan
nahe Manderscheid.*

Auf dem Gipfel des Vulkans befand sich später ein römisch-keltischer Tempel. Nach dieser Zeit nahm dort die kleine, im Jahr 1182 erbaute Wallfahrtskirche zu Ehren des hl. Arnulfus ihren Platz ein. Als aber der Vulkanschlot durch den Abbau von Basalt immer mehr ausgehöhlt wurde und die Öffnung nach oben eine erhebliche Breite bildete, musste auch dieses christliche Bauwerk weichen. Als Ersatz wurde eine kleine Kapelle gleichen Namens am Hang des Berges errichtet.

Wir erreichen nach wenigen Gehminuten von einem kleinen Parkplatz entfernt die Vulkanwand mit einem kleinen Tunnel. Dieser ist mit Holz ausgekleidet, um die Besucher vor herabfallenden Steinen zu schützen. Es ist zwar dunkel in dem Gang, aber nach einigen Schritten zeigt sich vor uns wieder das Tageslicht, dem wir zielstrebig folgen. Dann erwartet uns eine ganz andere Welt. Allein schon der Gedanke, dass wir uns nun in einem erloschenen Vulkan befinden, ruft gespanntes Schweigen hervor. Ein schmaler Pfad führt hinab zur untersten Ebene. Um uns herum richten sich die gewaltigen Basaltwände hoch auf. Die Stimmen der Natur lassen erahnen, wie viele Tiere hier ihre Heimat haben. Ein Roter Milan zieht gemächlich im Aufwind über dem Kraterrand seine Runden. Steinlandschaft und Vegetation bilden eine gelungene Einheit.

Der Ausflug in die Welt des Gottes Vulcano bleibt für mich ein unvergessliches Erlebnis und ich nehme mir vor, hierhin zurückzukehren in diese paradiesische Welt der ehemaligen Naturkräfte.

Naturtemperiertes Bier? Hier!

»Gambrinusstadt« Mendig,
einst Bierbrauerzentrum

»Die Römer machten Mendig zur Bierbrauerhochburg am Laacher See!« So könnte eine Neugier weckende Schlagzeile lauten und auch im ersten Moment als wahr angesehen werden. Denn wie ja bekannt ist, hielten sich die Römer viereinhalb Jahrhunderte und somit mit einer Reihe von Generationen im Eifelraum auf.

Aber da sie sich um 450 n. Chr. bereits wieder zurückgezogen hatten und Mendig erstmals im Jahr 1041 unter dem Namen *menedich* urkundlich erwähnt wurde, kann die oben angeführte Behauptung doch irgendwie nicht so ganz den Tatsachen entsprechen. Zwischen den angeführten Jahreszahlen liegen fast genau fünfhundert Jahre. Dennoch sind die Römer nicht ganz aus dieser Geschichte auszuschließen. Zumindest bei der Entwicklung oder Anbahnung liegt ihre Beteiligung. Wir haben bereits erfahren, dass die vulkanische Tätigkeit im Laacher-See-Gebiet riesige Basaltvorkommen entstehen ließ. Die vielfältig einsetzbare Gesteinsart nutzten bereits diese Römer aus. Vielleicht kommen wir nun der oben gemachten Aussage schon etwas näher!

Die Tauglichkeit dieser robusten Steine war von den klugen Römern schnell erkannt worden. Ohne nennenswerte Verschleißerscheinungen konnte der Basalt, zu Mühlsteinen verarbeitet, über längere Zeit gute Dienste leisten. Nur weil eine Schicht von 30 Metern, bestehend aus vulkanischen Auswurfschlacken und Löß, über dem Basaltvorkommen bei Mendig lag, musste dieses begehrte, harte Gestein unter Tage abgebaut und nach oben befördert werden. Und wenn unterirdisch etwas »herausgeholt« und an das Tageslicht befördert wird, bleibt an diesen Stellen zunächst einmal nichts, außer riesigen Hohlräumen.

Bis in das 19. Jahrhundert nutzten die Menschen der Eifel auch nach der römischen Präsenz die großzügige Gabe der

Natur und höhlten das Innere der Erde unweit des Laacher Sees weiter aus. Dadurch entstand das größte Basaltlava-Bergwerk der Welt.

Doch eines Tages wurden die Mühlensteine in der herkömmlichen Art überflüssig. Leistungsstarke Mahlwerke aus Metall lösten sie ab.

Nun wurden diese »gotisch-hohen«, schon sakral anmutenden unterirdischen Hohlräume und Hallen, die sich selbst stabil trugen, nicht mehr genutzt. Die harte Arbeit der Menschen unter Tage war beendet.

Ohne Beeinflussung von Wind und Wetter und den unterschiedlichen Temperaturschwankungen der vier Jahreszeiten hielt sich allerdings in den Tiefen eine konstante, immer gleich bleibende Temperatur. Diese Tatsache machte sich der Mensch wiederum zunutze und kehrte sozusagen »in den Untergrund« zurück.

Mitte des 19. Jahrhunderts gab es die technische Möglichkeit, Kühlung künstlich zu erzeugen, noch nicht. Da aber Speisen und Getränke wegen der Haltbarkeit einer gleichmäßig, konstanten Temperatur bedurften, boten sich die unterirdischen Gewölbe an. Die gleichbleibende Kühle von plus 5 bis 8 °Celsius war genau richtig, um edles Bier zu kühlen und über längere Zeit frisch zu halten. Die Luftfeuchtigkeit betrug dort unten 72 %.

Deshalb wurden ab 1843 in Mendig die großen unterirdischen Gewölbe als Gär- und Lagerkeller für Bier genutzt. Von nun an musste kein Eis mehr mit großem Aufwand im Winter aus stehenden Gewässern gesägt oder geschlagen und in die Keller transportiert werden. Dabei war die Haltbarkeitsdauer ohnehin eingeschränkt.

Der Vorteil der gleichmäßigen, ganzjährigen Kühlung sprach sich schnell bei zahlreichen Brauereien herum. Ihre Anzahl in Mendig stieg in der Folgezeit rasant an. Mit insgesamt 28 Brauereien erlangte der Ort sehr schnell die Bezeichnung »Stadt der Bierbrauer«. Aber auch »Gambrinusstadt« wurde geläufig, obwohl dieser Namensgeber nicht der Schutzpatron der Bierbrauer sein soll. In der Literatur wird dieser zwar stets als Pendant zu dem Weingott Bacchus dargestellt und benannt. Der Schutzpatron der Bierbrauer und Müller soll hingegen Arnulf von Metz sein. Aber wie hätte dann die gut gemeinte Zusatzbezeichnung von Mendig geklungen? So belassen wir es eben bei »Gambrinusstadt«, schließlich wird im gleichnamigen Siegel von 1828 u. a. auch ein angezapftes Bierfass dargestellt.

In der zweiten Hälfte des 19. Jahrhunderts trat durch den technischen Fortschritt eine Wende ein. Carl von Linde war es, der die moderne, elektrisch erzeugte Kühltechnik entwickelte, so dass die Brauereien nicht mehr auf die natürliche Kühlung angewiesen waren. Zum zweiten Mal verloren die Mendiger Basaltkeller ihre Aufgabe.

Es war nun die Zeit angebrochen, in der sich die Brauereien in Mendig andere Produktionsorte suchten und sich nach und nach zurückzogen. Die Produktion und der Verkauf von Bier rückten näher an die Verbraucher, die Versandwege wurden kürzer.

Nur eine einzige Brauerei hat dem Standort Mendig seit 1875 die Treue gehalten. Sie trägt für diese Gegend den durchaus zutreffenden Namen »Vulkan Brauerei«.

Unter ihren Gebäuden befindet sich auch der tiefste Bierkeller der Welt. Ein Besuch dort unten ist beeindruckend und wird jedem noch lange in *Fast schon etwas unheimlich.*

Erinnerung bleiben. Schließlich kann der Besucher hier dem Erdmittelpunkt 32 Meter näher kommen.

Der Keller der Brauerei ist natürlich nicht der einzige in dieser Gegend. Ein ganzes Netz von sogenannten Felsenkellern auf einer Fläche von fast 3 Quadratkilometern erstreckt sich unter der Stadt Mendig, von denen einige ausgesuchte Bereiche im Rahmen von informativen Führungen besichtigt werden können.

Um zum Schluss noch einmal auf die eingangs erfolgte Behauptung zurückzukommen, wird jetzt klar, dass es die Römer im weitesten Sinne waren, die Mendig dazu verhalfen, später Bierbrauerhochburg zu werden.

Stets gleichbleibende Temperatur, aber nicht immer trocken.

Frisches Wasser abzugeben!

Die Urfttalsperre und andere Speicher

Wasser ist der Quell allen Lebens, heißt es immer. Möglicherweise ist sogar der Name der Eifel aus dem lateinischen *aqua* = Wasser herzuleiten. Dieser Begriff hat sich dann in *afa* und später in *eifa* gewandelt, bis schließlich 838 urkundlich »Eiflia« belegt ist.

Betrachten wir die Vielzahl der in der Eifel vorhandenen Wasserläufe, ist die Annahme, dass es sich tatsächlich um ein reichhaltiges »Wasserland« handelt, nicht von der Hand zu weisen.

Die zahlreichen Bäche und Flüsschen konnten verheerende Auswirkungen herbeiführen. Wenn sie nach heftigen Niederschlägen oder während der Schneeschmelze über die Ufer traten, konnten sie große Schäden anrichten, wertvolles Weide- und Ackerland überfluten, sogar Häuser mitreißen. Nicht selten waren Menschenleben zu beklagen.

Im Sommer konnte sich wiederum ein gegenteiliges Bild zeigen. In regenarmen Zeiten reduzierten sich manche Bäche nur noch zu schwach laufenden Rinnsalen.

Gewerbezweige, die stets auf größere Mengen von Wasser angewiesen waren, bekamen Probleme. Wegen dieser Wassermengenschwankungen mussten dauerhafte und verlässliche Lösungen gefunden werden, nämlich Talsperren. Mit diesen war eine kontrollierte Regulierung der Wassermengen zu allen Jahreszeiten möglich.

Die größten Talsperren wurden in der Rureifel, also in der nördlichsten hier behandelten Region, errichtet und stellen in ihrer großen Anzahl das größte Talsperren-System in Westeuropa dar.

Die erste in der Nordeifel auf deutschem Grund erbaute Talsperre ist die Urfttalsperre aus dem Jahr 1905. Mit ihrer Mauerhöhe von 58,5 und einer Länge von 226 Metern war der daraus aufgestaute Urftsee als damals größter europäischer Stausee entstanden. Auch die Mauer selbst galt als technische Meisterleistung und erhielt das Prädikat als größte und modernste Talsperre Europas dieser Zeit.

Die Baumaterialien erreichten zunächst mit der Olefbahn den Ort Gemünd. Von dort aus wurden sie 13 Kilometer weit mit einer eigens dafür vorgesehenen Schmalspurbahn zum Bauplatz transportiert. Sogar Besucher konnten für 1 Mark mitfahren und sich über den Baufortschritt dieser Großbaustelle (Bauzeit 1900–1905) informieren.

Heute ist diese ehemalige Bahntrasse nach Entfernen der Gleise ein beliebter Wanderweg zur Staumauer, die sich im bautechnischen Sinn als zur Wasserseite gebogene sogenannte Gewichtsstaumauer darstellt. Errichtet wurde sie aus heimischer Grauwacke und Tonschiefer. An ihrem Fuß weist sie eine Breite von 50,5 Metern auf, während durch Verjüngung nach oben die Krone 6 Meter breit ist. Kontrollstollen im Mauer- und Hangbereich ermöglichen eine ständige Überprüfung der Bausubstanz. Urfttalsperre und Urftstausee dienen zusammen dem Hochwasserschutz, dem Niedrigwasserausgleich und einer Stromerzeugung von 16 MW.

Ein 2,7 Kilometer langer Stollen durch den Höhenrücken Kermeter transportiert noch heute Wasser zum Kraftwerk nach Heimbach. Dieses ist der Erbauungszeit gerecht werdend im Jugendstil errichtet und stellt eine interessante Sehenswürdigkeit dar.

Nach der ältesten Eifeltalsperre wenden wir uns nun der größten in der Rureifel und gleichzeitig der zweitgrößten Deutschlands zu: der Rurtalsperre. Sie wurde in den Jahren 1934 bis 1938 erbaut. Ein Jahr später wurde sie in Betrieb genommen. Das Stauwerk ist als sogenannter Erd- und Steinschüttdamm mit innenliegender Lehmdichtung konzipiert und gehört zu einem Verbund mehrerer kleinerer Talsperren mit Vorsperren und Vorbecken (z. B. Eiserscheid).

Der See verfügt über 202,6 Millionen Kubikmeter Wasser bei einer Wasseroberfläche von 7,83 Quadratkilometern.

Am 8. Februar 1945 wurden als Abwehrmaßnahme gegen die vorrückenden alliierten Truppen die Grundablassrohre, die zum völligen Leeren des Stausees vorgesehen waren, gesprengt, um durch ein plötzlich eintretendes Hochwasser der Rur den Vormarsch zumindest zu erschweren. Nur ging dieser

Plan nicht auf, da das Wasser lediglich um einen halben Meter anstieg.

Mitte bis Ende der 1950er Jahre wurde die Höhe des Damms von 61,4 auf 77,4 Meter aufgestockt, um das Wasserreservoir zu steigern. Von der dadurch hervorgerufenen Ausdehnung der Wasserfläche waren ungefähr 146 Hektar Land im Rurtal betroffen. Obwohl die Eigentümer und Bewohner von 42 Häusern in Woffelsbach, Pleushütte, Einruhr, Jägersweiler und Rurberg lange um ihr Eigentum kämpften und sich gegen den Ausbau der Staumauer wehrten, war diese Entscheidung nicht mehr abwendbar.

Eine Besonderheit beim Rursee liegt darin, dass er aus dem Haupt- und Obersee besteht. Beide Seen unterschiedlicher Höhen werden durch den Paulushofdamm getrennt. Auch dieser wurde

Die Urfttalsperre aus anderer Sicht.

während des Ausbaus der Sperre von Schwammenauel in den 1950er Jahren um 14 Meter erhöht. Unter normalen Bedingungen staut der Obersee das Wasser der Rur, bei Hochwasser gelangt überschüssiges Wasser aus der Urfttalsperre hinzu. Der Obersee dient als Trinkwasserreservoir, an dem selbstverständlich alle Aktivitäten des Wassersports untersagt sind. Nur kommerziell betriebene Schiffe mit umweltfreundlichen Elektromotoren dürfen dort verkehren.

Der gesamte Eifelbereich verfügt insgesamt über zwanzig Talsperren, die die unterschiedlichsten Größen aufweisen.

Die Nordeifel bietet mit ihren Kerbtälern und dem geologisch günstigen, absperrenden Untergrund die besten Voraussetzungen für natürliche Wasserreservoirs.

Der wachsame Löwe auf der Gileppestaumauer.

Einige Talsperren, wie z. B. die Stauanlage Weilerbach, besser bekannt als Freilinger See, südöstlich von Blankenheim, die Stauanlage Kronenburg oder die Madbachtalsperre bei Rheinbach dienen als Hochwasserrückhaltebecken oder die letztgenannte als Brauchwasserreserve für Betriebe der Tuch- und Papierindustrie bei Euskirchen.

Blicken wir jetzt einmal nach Belgien. Bei Eupen liegt die Gileppetalsperre, die am 28. Juli 1878 von König Leopold II. eingeweiht wurde und somit noch älter ist als die Urfttalsperre. Sie staut den gleichnamigen im Hohen Venn entspringenden Wasserlauf. Der Bau wurde auch wieder zum Bereithalten von Brauchwasser für die Textilindustrie und als Trinkwasserspeicher erforderlich. Zunächst galt die ursprüngliche Mauer als älteste Betonstaumauer Europas mit einer Länge von 416 Metern. Ein in den Jahren 1951 bis 1953 gegrabener 2,5 Kilometer langer Stollen führte dann zusätzliches Wasser des Soorbachs hinzu. Durch die spätere Aufstockung der Mauer entstand das Gesamtmaß von 68 Metern Höhe.

Besonders herausragend wird schon von weitem ein sitzender Sandsteinlöwe als Wahrzeichen auf der Dammkrone sichtbar. Er blickt wachsam nach Nordosten zur ehemaligen preußischen Grenze und weist eine Höhe von fast 14 Metern auf. Die aus 180 einzelnen Blöcken bestehende Figur mit einem Gewicht von 300 Tonnen wurde im Jahr 2000 restauriert. Aufgefrischt und aufmerksam glaubt der Löwe offenbar in seiner Unbeweglichkeit noch immer, die preußische Grenze im Blick zu haben. *Die Gileppestaumauer.*

»Dat Wasser vun Kölle war jot! Et kom us de Efel.« (für Nichtrheinländer: »Das Wasser von Köln war gut. Es kam aus der Eifel.«)

Heutzutage ist es kein Problem, Wasser über große Distanzen von A nach B zu transportieren. In früheren Zeiten war die Beschaffung von frischem Wasser schon etwas schwieriger. Aber es sollte wieder einmal den Römern in Germanien gelingen, *Colonia Claudia Ara Agrippinensium*, die Hauptstadt Niedergermaniens, im 1. Jahrhundert n. Chr. mit frischem, dringend benötigtem Trinkwasser zu versorgen.

Die Einwohnerzahl der Stadt *Colonia* wuchs stetig, so dass das Wasser aus dem nahegelegenen Vorgebirge und den städtischen Brunnen nicht mehr für die gesamte Bevölkerung ausreichte.

Nach einem Beschluss der römischen Verwaltung sollte die Versorgung daher aus der wasserreichen Eifel erfolgen. Es begann um das Jahr 80 das größte und gewagteste römische Bauwerk nördlich der Alpen: die römische Fernwasserleitung aus einem Waldbereich bei Nettersheim nach Köln.

Es ist davon auszugehen, dass es Soldaten und Söldner waren, die zur Errichtung der 95 Kilometer langen Wasserleitung, einem aus Naturstein gefertigten Mauerwerk, herangezogen wurden. Diese Wasserleitung galt schon damals als einmalige, beachtenswerte Ingenieurleistung.

Es mussten Höhen und Täler durch Aquädukte überwunden werden. Gefälle und Kanalprofil waren so berechnet, dass der Ablauf des frischen Wassers stets zügig erfolgte. In konstanter Fließgeschwindigkeit erreichten täglich 20 000 Kubikmeter reinstes frisches Eifelquellwasser den Zielort *Colonia*.

Die Konstrukteure dachten aber noch weiter voraus. Der »Grüne Pütz« bei Nettersheim, eine reich verzierte Quellfassung, war das Sammelbecken für die Wassermengen, die den Weg nach Köln antraten. Bereits hier wurde das kostbare Nass gefiltert und gesäubert. Da das Sonnenlicht von dem fließenden Wasser ferngehalten wurde, handelte es sich um ein geschlossenes Transportsystem. Temperaturen und Staub konnten während der gesamten Strecke nicht negativ auf das

Wasser einwirken. Dieses erreichte frisch, klar und sauber die römischen Verbraucher am Rhein.

Die Wassermengen des »Grünen Pütz« reichten allerdings nicht aus, ausreichend Wasser nach Köln zu bringen. Aus weiteren Quellfassungen im oberen Bereich dieser Fernwasserleitung wurde deshalb zusätzlich Wasser eingespeist.

Restaurierter Aquädukt bei Vussem.

Grüner Pütz bei Nettersheim, Medusenhauptverzierung.

Bis zum Jahr 260 n. Chr. wurde diese einzigartige Anlage genutzt. Nach den ersten Zerstörungen und Plünderungen in Köln durch die Franken geriet diese außerordentliche historische Ingenieursleistung in den Hintergrund. Durch teilweise Zerstörungen wurde der Wasserfluss unterbrochen. Ohne Reparaturen, Pflege und Wartung wurde die Wasserfernleitung unbrauchbar.

Heute besteht an manchen Stellen die Möglichkeit, nicht nur Reste der Leitung, sondern auch ihre Brunnenstuben, Klärbecken und Quellfassungen zu besichtigen. Entlang ihres ehemaligen Verlaufs ist der Römerkanal-Wanderweg entstanden, der in sieben Etappen von Nettersheim nach Köln-Sülz führt. Auf der gesamten Strecke von 116 Kilometern informieren fünfzig Schautafeln über das herausragende Bauwerk.

Man geht davon aus, dass diese Wasserleitung aus der Eifel ca. 190 Jahre genutzt wurde. Im Vergleich zu anderen historischen Bauwerken eine eigentlich viel zu kurze Zeit in Anbetracht des hohen technischen und körperlichen Aufwands, der da einst betrieben wurde.

In Beton gegossen

Der Westwall zeigt noch seine Zähne

Was einmal in Beton gegossen ist, das bleibt bestehen, so die landläufige Meinung.

So einem »harten Brocken« mit großer Ausdehnung als Kriegsrelikt begegnen wir auch in der Eifel. Diesen zu entfernen wäre für eine Spezialfirma gewiss kein großes Problem. Gemeint ist hier der Westwall, auch als »Höckerlinie« bezeichnet. Dieses Hindernis sollte Deutschland im Zweiten Weltkrieg im Westen vor feindlichen Angriffen schützen. Der Plan war, Panzern bis zu einem Gewicht von 52 Tonnen das Vordringen zu erschweren oder unmöglich zu machen. Die schweren Kettenfahrzeuge sollten sich festfahren, manövrierunfähig und für den weiteren Vormarsch unbrauchbar werden. Heute denkt man nicht mehr daran, diese sogenannten Drachenzähne in der intakten Landschaft zu beseitigen. Sie bleiben als Mahnmal an einen verheerenden Krieg, der nicht gewonnen werden konnte.

Die »Drachenzähne« waren in mehreren Reihen hintereinander auf dem gleichen Fundament fest verbunden. Aber nur diese allein waren als strategische Maßnahme nicht ausreichend. In erforderlichen Abständen wurden daher Bunker errichtet, die mit dem entsprechenden militärischen Personal besetzt werden sollten, um mit schweren Waffen nach Erfordernis eingreifen zu können. Insgesamt war diese Verteidigungslinie mit 14 800 Bunkern bestückt. Diese massiven Bollwerke waren jeweils durch unterirdische Gänge miteinander verbunden und erreichbar. So konnten die Besatzungen individuell ausgetauscht, verstärkt oder verschoben werden, je nachdem, wo es gerade erforderlich war.

Die Errichtung dieser Verteidigungslinie hatte einen strategischen, aber auch propagandistischen Hintergrund. Schon ab 1936 wurde sie geplant und zwischen 1938 und 1940 mit großem Aufwand und Einsatz errichtet. Die Gesamtlänge betrug 630 Kilometer, begann in der Nähe von Kleve und reichte bis Grenzach-Wyhlen in der Schweiz. Auf einer Strecke von 70 Kilometern verlief diese starre Verteidigungslinie durch die Eifel. Insgesamt wurden 17,3 Millionen Tonnen Beton und 1,2 Millionen Tonnen Stahlbeton verbaut. Die Kosten beliefen sich auf 3,5 Mrd. Reichsmark.

Während der Bauzeit wurden derart große Mengen an Material benötigt, dass die private Bauwirtschaft darunter erheblich litt, sogar zum Erliegen kam. Obwohl damals eine große Menge von neuen Wohnungen hätte errichtet werden müssen, wurden sämtliche verfügbaren Baustoffe in den Westen des Reiches transportiert. Sogar eine große Anzahl von Bauarbeitern wurde von anderen, noch vorhandenen Baustellen abgezogen und zum Bau des Westwalls abgeordnet. Das war weniger problematisch, da anderenorts ohnehin kein Baumaterial mehr zur Verfügung stand. Sogar die Reichsautobahn rückte in der Priorität an zweite Stelle. Ihr Aus- und Weiterbau wurde erst einmal zurückgestellt.

Deutliche Beeinträchtigungen gab es auch für die Bauern und ihre Familien in der Eifel, nahe der Westwallbaustelle. Große Flächen von Acker- und Weideland wurden wegen des größten Bauprojekts des Reiches eingezogen. Sie standen der ursprünglichen Nutzung für den Unterhalt der Bauern nicht mehr zur Verfügung.

Zu Beginn des Krieges kam es allerdings zu keinen größeren Kampfhandlungen an der Linie des Westwalls. Nach Ende des Frankreichfeldzuges wurden daher die transportablen Waffen demontiert und zu anderen strategisch wichtigen Punkten verlegt. Die Betonbauten wurden in der Folgezeit daher ungenutzt sich selbst überlassen. Wegen der fehlenden Wartung und Aufsicht dauerte es nicht lange, bis diese Anlagen nahezu unbrauchbar waren.

Erst 1944 bekam der Westwall eine neue Bedeutung. Bei der Landung der Alliierten am 6. Juni entbrannte der Krieg im Westen wieder mit voller Stärke. Im August des gleichen Jahres wurde die erneute Wiederherstellung der Verteidigungskraft des Westwalls befohlen. Rund 20 000 Zwangsarbeiter und die Bevölkerung aus dem näheren Umkreis wurden dazu herangezogen und versuchten, mit einfachsten technischen und handwerklichen Mitteln ihren Auftrag zu erfüllen. Aber die Luftüberlegenheit der Alliierten war zu groß. Hinzu kam, dass sich in den Jahren zuvor die Waffentechnik weiterentwickelt und die Bunker diesen nun eingesetzten Waffen keinen deutlichen Widerstand mehr entgegensetzen konnten.

Im Oktober 1944 steigerten sich die kriegerischen Auseinandersetzungen am Westwall. Besonders stark umkämpft war der Bereich Hürtgenwald. Diese Region der Nordeifel, ca. 20 Kilometer südöstlich von Aachen, ist auch heute noch ein äußerst waldreiches und daher topographisch für Fremde sehr unübersichtliches Gebiet. Das wurde den Soldaten damals zum Verhängnis. Insgesamt verloren bei der Schlacht im Hürtgenwald 12 000 deutsche und 32 000 amerikanische Soldaten ihr Leben. Sie gilt als eine der schwersten und verlustreichsten Kampfhandlungen des Zweiten Weltkrieges.

Noch immer fest steht die Höckerlinie des Westwalls, hier zwischen Aachen und Monschau.

»Einst Werkzeug des Krieges,
heute Mahnung zum Frieden« ...

So steht es geschrieben am Museum Panzerwerk Katzenkopf, 3 Kilometer von Irrel bei Bitburg entfernt. Der Name rührt daher, weil dieses Bauwerk der Nazizeit am Hang des gleichnamigen 302 Meter hohen Berges errichtet wurde.

Insgesamt drei Etagen standen einer 84-köpfigen Besatzung zur Verfügung. Die oberen 45 Räume waren unterschiedlich groß. Sie dienten u. a. der Mannschaft als Unterkunft. Ferner waren darin Waschräume, ein Sanitätsbereich und Toiletten untergebracht. Neben einer Küche mit Vorratsräumen gab es besondere Bereiche zum Lagern von Munition.

Verbindungsgang zwischen zwei Bunkern, Fliegerbomben als Exponate.

Ein eigener Brunnen sorgte für frisches Wasser, denn es war stets ungewiss, wie lange die Besatzung im Ernstfall in ihren 2 Meter dicken Stahlbetonwänden hätte ausharren müssen. Im untersten Bereich sicherte eine

132 Meter lange Stollenanlage die unterirdische Verbindung zur Brunnenkammer und zu einem Kampfturm. Strom für Beleuchtung, Heizung und Wasserpumpen wurde mit zwei Dieselmotoren erzeugt.

Zwei Jahre nach Kriegsende wurde der obere Bereich durch die damalige französische Besatzungsmacht gesprengt und die darunter liegenden Räume mit Schutt gefüllt und unbegehbar gemacht.

Im Jahr 1976 begann die Freiwillige Feuerwehr Irrel damit, die Räume freizulegen, um das Relikt des Zweiten Weltkrieges wieder zugänglich zu machen. So entstand das Westwallmuseum Panzerwerk Katzenkopf, eines der wenigen heute zu besichtigenden Panzerwerke des ehemaligen Westwalls. Die engagierte Freiwillige Feuerwehr Irrel hat für das sehenswerte Ergebnis rund 75 000 Stunden ehrenamtliche Arbeit geleistet.

Unterschlupf für bedrohte Natur

Die Flächen, die Bunkerreste und Betonhöcker einnehmen, können heute nicht mehr land- oder forstwirtschaftlich genutzt werden. Dort entwickelten sich aber Oasen für gefährdete Pflanzenarten und Rückzugsgebiete für immer seltener gewordene Tiere. Die Natur hat sich zurückgeholt, was ihr einst genommen wurde. Fledermäuse finden in den dunklen Bunkerräumen die besten Lebensbedingungen und haben sich in ihren einzigartigen »Eigentumswohnungen« dauerhaft einquartiert. Dachse und die scheue Wildkatze kommen hier ebenfalls gut zurecht. Und was ist idealer für die Zauneidechse als die zahlreichen Lücken und Spalten in den Ruinen, um dort ihren Lebensmittelpunkt, Unterschlupf und Sicherheit zu finden?

Im Rahmen des Projektes »Grüner Wall im Westen« hat der BUND im Jahr 2006 einen Westwallbunker bei Hellenthal übernommen und mit hohen Bezuschussungen durch das Bundesfinanzministerium für Naturschutzzwecke hergerichtet. Diese Investitionen waren nicht nur sinnvoll angelegt, sondern unterschritten auch die Kosten für einen Abriss.

Wo einst andere Vögel sangen

Ein monumentaler Gebäudekomplex mit weithin sichtbarem Turm auf dem Berg Erpenscheid bei Gemünd oberhalb des Urftstausees erinnert ebenfalls an die NS-Zeit in der Eifel. Mit nahezu 100 Hektar bebauter Fläche gilt die Burg Vogelsang als größtes Bauwerk des damaligen Regimes. Geplant war eine Schule mit dem Ziel, den Nachwuchs des Führungskaders auszubilden.

Grundgedanke und Planung stammten aus dem Jahr 1933. Der erste Spatenstich erfolgte am 16. März 1934. Während der erste Bauabschnitt innerhalb von zwei Jahren von 1500 Arbeitern erstellt wurde, konnte das fertig gestellte Gesamtprojekt am 24. April 1936 seiner Bestimmung übergeben werden. Die Mannschaften aus insgesamt 16 Bunkern des Westwalls waren für den Schutz der Ordensburg Vogelsang verantwortlich.

Bei Ausbruch des Krieges wurde Vogelsang als Truppenunterkunft genutzt. Nach Kriegsende beabsichtigte die britische Verwaltung zunächst alle Gebäude abzureißen. Dann aber beschlagnahmte sie 42 Quadratkilometer Land, das sich um die Gebäudekomplexe erstreckte, und baute es zu einem Truppenübungsplatz aus. Im Jahr 1950 wurde dieser an die belgischen Streitkräfte übergeben. Von diesen wurden weitere Gebäude auf Burg Vogelsang errichtet und das Unterkunftspotential erweitert. Hoheitszeichen der einstigen Erbauer wurden entfernt.

Später nach Gründung der NATO kamen andere zugehörige Einheiten hinzu, bis Ende 2005 die militärische Nutzung endete und zivile Zwecke im Vordergrund standen. Heute ist Vogelsang, mitten im Nationalpark Eifel, ein Ausstellungs-, Besucher- und Bildungszentrum, kultureller Veranstaltungs- und Tagungsort.

NS-Ordensburg Vogelsang (2015).

Krieg und Frieden

Nach den Ausführungen über den Krieg soll nun auch einmal dem Frieden ein Platz eingeräumt werden. Dafür begeben wir uns an die äußerste Grenze der Eifel im Osten, nach Remagen.

Ein Zeitsprung bringt uns in die Zeit nach dem Zweiten Weltkrieg zurück. Die Rheinbrücke von Remagen lag seit März 1945 in Trümmern.

Zunächst plante die Bahn, die zweigleisige Eisenbahnbrücke wieder aufzubauen und beide Rheinseiten zu verbinden. Allerdings wurden diese Pläne mit dem Zeitpunkt der Elektrifizierung der links- und rechtsrheinischen Bahnstrecken für immer ad acta gelegt. Die erhalten gebliebenen Schienenzuführungen zur Brücke wurden demontiert. Um dem wachsenden Schifffahrtsaufkommen auf dem Rhein mehr Fahrwasser und Sicherheit zu schaffen, wurden auch die beiden Strompfeiler im Sommer 1976 abgetragen.

Jetzt standen die beiden mächtigen, dunklen und mahnend erscheinenden Doppelbrückenköpfe an beiden Rheinseiten. Was sollte nun mit den standhaften Landbrückenpfeilern geschehen? Sie waren schließlich Reste eines Bauwerks, das Geschichte geschrieben hatte.

Zu dieser Zeit beschäftigte den Bürgermeister von Remagen, Hans Peter Kürten, die Idee, die Pfeiler auf Remagener Seite als Gedenk- und Mahnstätte zu nutzen. Er beabsichtigte, die Relikte mit Grund und Boden

Das Friedensmuseum in Remagen.

von der Bundesbahn käuflich zu erwerben. Nach sieben Jahren konnte schließlich das Bahngelände in das Eigentum der Stadt Remagen übergehen. Der erste Schritt war getan. Jetzt waren noch Gelder erforderlich, um den Plan Kürtens zu vollenden. Das Ansprechen offizieller Stellen mit dem Hinweis auf die Pläne brachte nicht den erwünschten Erfolg. Kürten gab dennoch nicht auf und verfolgte einen weiteren Gedanken. Nach der Demontage der Strompfeiler lagerten nämlich diese Steine noch immer am Remagener Rheinufer. Diese in kleine Brocken zerlegt, in Gießharz eingeschlossen und mit einem Echtheitszertifikat versehen, erwiesen sich sofort als perfekte »Geldgeber«. Ab März 1978 wurden die kleinen Andenken mit reißendem Absatz verkauft und brachten einen Erlös von mehr als 100 000 DM ein. Nach zwei weiteren Jahren, die der Herrichtung und Ausstattung der Türme dienten, konnte schließlich die geplante Gedenkstätte am linken Rheinufer bei Remagen eröffnet werden. Zahlreiche Informationen und Dokumentationen über die Brücke, die Eroberung und die Kämpfe in den letzten Tagen des Krieges werden dort vermittelt.

Mehr als 650 000 Besucher haben seit der Eröffnung das Friedensmuseum Brücke von Remagen besucht, darunter auch zahlreiche Angehörige von amerikanischen, belgischen und englischen Soldaten, die während der letzten Tage dieser Brücke über den Rhein dabei gewesen waren.

Auf einer Tafel an einem der Pfeiler wird mit einem Satz, der auch zum Nachdenken anregen soll, alles gesagt: »Für den Krieg gebaut, im Krieg zerstört sollen die Trümmer immer mahnen!«

Die »Stimmgabeln« von Ahrweiler

Im Adenbachtal, nördlich der Ahr bei Ahrweiler, erheben sich in Beton gegossene, bis zu 35 Meter hohe Pfeiler. Hier sollte ein 150 Meter breiter Taleinschnitt für eine strategische Bahnlinie überbrückt werden. Diese wurde aber nie fertig gestellt.

Die Ursprünge liegen bereits im Jahr 1910 während der Vorbereitung auf den nächsten Krieg gegen Frankreich.

Im Herbst des gleichen Jahres erfolgte die Grundsteinlegung für dieses Projekt. Fundamente von 10 Metern Tiefe sorg-

ten in dem harten Untergrund für Stabilität. Schließlich sollten später voll beladene Eisenbahnwaggons mit immensen Gewichten über die Brücke rollen. Auf einer Tafel an einem der verbliebenen Brückenpfeiler steht die folgende kurze, aber eindeutige Erklärung:

> Die grauen Betonpfeiler sind Teile eines Viadukts im Zuge der nie fertiggestellten Bahnlinie Liblar–Trier. Sie war als Verbindung und Erztransportweg zwischen der lothringischen Minette und dem Ruhrgebiet, aber auch als Aufmarsch- und Nachschublinie im Rahmen des Schlieffen-Plans gedacht. Der Bau, 1910 begonnen, wurde vom Ausbruch des Ersten Weltkriegs unterbrochen.
>
> Der Versailler Vertrag verbot dann 1919 den zweigleisigen Weiterbau. Deshalb verjüngt sich der Pfeiler oben auf den halben Querschnitt. 1924 wurde der Bau endgültig eingestellt. Da Elsaß-Lothringen wieder französisch war, gab es auch keine Erzfracht zum Ruhrgebiet mehr.

Heute werden diese Relikte, die von den Bewohnern im Ahrtal »Schwurfinger« oder »Stimmgabeln« genannt werden, als Kletterparadies genutzt.

Diese Pfeiler gehören heute zum Hintergrundbild des romantischen Weinstädtchens Ahrweiler, sie stören niemanden. Selbst von der Fußgängerzone aus sind sie an manchen Stellen zwischen dem Grün der Weinberge und den sich dahinter erstreckenden bewaldeten Hängen des Ahrgebirges sichtbar. Sie stehen da und bleiben auch dort, wie der Dom in Köln.

Die »Schmugglerkirche St. Mokka« in Nideggen-Schmidt

Gefährliches Katz-und-Maus-Spiel zwischen den Grenzen

Der Begriff »schmuggeln« kommt wahrscheinlich aus dem Germanischen und bedeutet so viel wie »in ein Loch kriechen«. Betrachtet man die Vorgehensweisen von Schmugglern, kann diese Interpretation durchaus zutreffen.

Die Tätigkeit des Schmuggels nach dem Zweiten Weltkrieg war keinesfalls neu. Sie blühte nur wieder auf, nachdem bereits vor dem Ersten Weltkrieg sogenannte Grenzgänger im benachbarten Ausland Kaffee in größeren Mengen beschafften und auf illegalen Wegen nach Deutschland brachten. Dieses beliebte und gefragte Genussmittel wurde dann höchst gewinnbringend weiter veräußert.

Weil die Armut der Menschen auch nach dem Zweiten Weltkrieg in Deutschland sehr groß war, blieb es nicht nur bei »Kaffeetransporten«. Auch andere in Deutschland fehlende oder zu teure Lebensmittel wurden bei Nacht und Nebel über die Grenze geschafft. Diese stellte damals noch eine deutliche Stacheldrahtlinie dar. Der Schwerpunkt des »Geschäfts« lag allerdings beim Kaffee, dem sogenannten braunen Gold. Jeder wusste sofort, was damit gemeint war. Die Gewinnspanne beim Kaffee lag im deutschen Steuersatz bei 10 Mark pro Kilo.

Mit diesen ungesetzlichen Beschaffungs- und Transportmaßnahmen wurde nicht nur die Bevölkerung im Aachener Raum versorgt, sondern auch das deutsche Hinterland. Aachen erhielt daher schon bald den Zusatznamen »Loch im Westen«.

Die Tätigkeit des Schmuggelns war gleichzusetzen einer Steuerhinterziehung, dem Vorenthalten von Geldern, die der Staat beanspruchte und mit denen er kalkulierte, gerade während der Aufbaujahre.

Weil die Preise in den Jahren zwischen 1945 und 1953 insbesondere für Kaffee in Deutschland wieder sehr anstiegen, bildete sich die sogenannte Aachener Kaffeefront, die intensiv dem Kaffeeschmuggel zwischen Belgien, den Niederlanden und Deutschland nachging. Es gab Schmuggler jeden Alters und Geschlechts. Besonders schwer hatten es die Zöllner, wenn an bestimmten Stellen gleichzeitig Hunderte von Jugendlichen die Grenze durchbrachen, um Schmuggelgut von der einen zur anderen Seite zu schaffen.

Es wird geschätzt, dass in dem betreffenden Zeitraum rund 1000 Tonnen Kaffee auf Schleichwegen nach Deutschland über die Grenze wechselten. Als umfangreichste und aktivste »Schmugglernester« galten Mützenich bei Monschau, Roetgen und Schmidt oberhalb des Rursees.

Nachdem die britische Besatzungsmacht zur Kontrolle des Warengrenzverkehrs die deutsche Zollverwaltung an den Grenzen eingesetzt hatte, bekam diese sogar den strengen Schießbefehl. Auf diese Weise sollte das Schmugglerwesen und der dadurch verursachte Verlust von Steuergeldern eingedämmt oder beendet werden. Unbeeindruckt blieben die Schmuggler bald von den scharfen, zum Aufspüren von Kaffee abgerichteten Hunde, die die Zöllner unterstützen sollten.

In den acht Jahren der Hauptschmuggelzeit sollen ca. fünfzig Menschen auf den illegalen Pfaden ihr Leben gelassen haben. Dennoch blieb die Verlockung des Profits durch den »Schleichhandel« zu groß. Im Vergleich zum Wochenertrag eines Schmugglers stand die Monatsbesoldung eines Zöllners eines ganzen Monats gegenüber. Das veranlasste manchen Zöllner, sich bestechen zu lassen und Dienst- und Streifenpläne gegen Entgelt zu verkaufen, um Schmugglern einen halbwegs sicheren Grenzübertritt zu ermöglichen.

Auch nach der Währungsreform blieb der Preis für Kaffee in Deutschland noch hoch. Während man hier 16 DM zahlen musste, wovon 5 DM auf Steuern entfielen, lag der Preis in Belgien bei umgerechnet 4 DM.

Es kam durchaus vor, dass sich beide gegenüberstehenden Fronten, also Schmuggler und Zöllner, persönlich kannten, auch aus dem gleichen Ort stammten. Vielleicht wohnten sie sogar nebeneinander, schlimmstenfalls konnten sie verwandtschaftlich verbunden sein. Diese Konstellation barg natürlich gewaltiges Konfliktpotential, wenn der eine seinen

Dienst verrichtete und der andere seiner illegalen Tätigkeit nachging.

Meistens begaben sich die Schmuggler in Gruppen auf ihren Weg. Dieser konnte schon vier Stunden anstrengenden Fußmarsch, auch durch unwegsames Gelände, bedeuten. Schließlich strebten sie die günstige Einkaufsquelle jenseits der Grenze an. Der Rückweg war wegen des Gewichts der mitgeführten Ware auf Schultern und Rücken noch mühevoller.

Ein erhebliches Verlustgeschäft bedeutete es allerdings, wenn Schmugglern nach dem Grenzübertritt auf deutscher Seite aufgelauert und sie ihrer Waren beraubt wurden. Sie konnten keine Anzeige erstatten, weil sie dann selbst aufgefallen wären.

Der große Farnbestand in den Wäldern des Grenzgebietes war eine gute Tarnung, wenn sich Zöllner näherten und die Gefahr der Entdeckung bestand. Sogar Rot-Kreuz-Wagen und Leichenwagen dienten manchen Kaffeeschmugglern als Transportmittel auf der Straße. Der kleinere Schmuggel erfolgte in Nylonstrümpfen oder in doppelten Böden von Kinderwagen.

Kinderwagen mit doppeltem Boden zum einstigen Transport von Schmugglerware.

Als der Bedarf an Kaffee in Deutschland weiter anstieg, musste die Anzahl der Transporte erhöht werden. Dafür reichten die Kapazitäten auf dem Weg über die »grüne Grenze« im Wald, durch Büsche und Unterholz nicht mehr aus. Das Versteckspiel verlor seinen Sinn. Entwendete Panzerfahrzeuge aus belgischen Kasernen, Spähwagen aus ehemaligen amerikanischen Beständen oder speziell umgebaute und mit Stahlplatten versehene amerikanische Straßenkreuzer, wie Buicks oder Cadillacs, dienten nun zum schusssicheren Abtransport von Schmuggelware in größeren Mengen.

Hier lag die Durchführung bei durch den Schmuggel reich gewordenen »Großschmugglern«, die sozusagen über ein eigenes »Stammpersonal« verfügten. Dem gegenüber stand die Zollverwaltung mit ihren chancenlosen, leistungsschwachen Volkswagen, damals nur »Käfer«. Bei nahezu aussichtslosen Verfolgungsfahrten durch den Zoll wurden häufig sogenannte Krähenfüße von den Verfolgten auf die Fahrbahn geworfen. Diese sollten die Reifen der Zöllnerfahrzeuge zerstören und die Verfolger abhängen. Aber bald holte die Zollverwaltung zur Gegenwehr aus. Es wurden zwei sogenannte Besenporsche angeschafft, die bis zu 180 km/h schnell waren. Bei Bedarf hydraulisch zu betätigende Besen vor den Vorderrädern sollten Krampen wegfegen, um ein bei hoher Geschwindigkeit nicht ungefährliches Reifenplatzen zu verhindern. Krampen waren entsprechend geformte Nägel oder Metallteile, die immer mit einer Spitze nach oben liegen blieben und unausweichlich Schäden verursachen mussten. Schwierig wurde es allerdings für die Porscheeinsatzwagen, wenn die Flucht über Feld- oder Wiesenwege erfolgte und die tiefliegenden Fahrzeuge der Zöllner ständig mit dem Bodenblech aufsetzten.

Indirekt war auch die Kirche am Schmuggel beteiligt, zumindest die in Schmidt, oberhalb des Rursees. Selbst dem damaligen Pfarrer Josef Bayer blieb nicht verborgen, welchen Nebenbeschäftigungen die meisten seiner zu betreuenden Schäfchen nachgingen. Weil viele nicht mehr hinter vorgehaltener Hand vom einträglichen Schmuggelgeschäft spra-

◀ *So hat der »Besenporsche« ausgesehen (Aquarell des Autors).*
▶ *Hinweisschild auf die Schmugglerkirche in Nideggen-Schmidt.*

chen, war es sozusagen offiziell geworden. Was sollte der Pfarrer machen, dieses Handeln verbieten, sich in Dinge einmischen, zu denen er nicht berufen war? Ihm war bewusst, dass in diesem Zusammenhang keiner auf ihn gehört hätte.

Im Bestreben, seine im Krieg fast völlig zerstörte St.-Hubertus-Kirche wieder aufzubauen, hatte er eine besondere Eingebung. Er redete seiner Gemeinde ins Gewissen und missbilligte ihr unredliches Handeln, verbot es aber nicht. Bei dem Hinweis, doch dabei auch mal an den Aufbau ihrer zerstörter Kirche zu denken, hatten alle sofort verstanden, wie ihr Pfarrer das gemeint hatte. Seitdem sprudelten die Spendengelder, raschelte und klimperte es im Opferstock.

Bald konnte die Kirche St. Hubertus wieder aufgebaut werden und dies überwiegend direkt aus »Steuergeldern«. Diese hatten allerdings nicht den Umweg über staatliche Instanzen genommen, sondern kamen unbürokratisch und gänzlich ohne Verwaltungsaufwand direkt dort an, wo sie gebraucht wurden.

Was lag den Bürgern näher, als ihre Kirche scherzhaft »St. Mocca« zu nennen. Warum auch nicht? Sie waren ja unter sich und alle verstanden den Hintergrund.

Diese neue Namensgebung hat sich nicht nur bis heute gehalten, sondern auch derart verfestigt, dass sie sogar zu Werbezwecken genutzt wird, wenn es darum geht, den kleinen Ort Schmidt touristisch zu vermarkten. Nur mancher, der mit der Entstehungsgeschichte und den Hintergründen dieser Bezeichnung nicht vertraut ist, wird überlegen müssen, wie, wann und wo dieser Heilige in der christlichen Lehre seinen Platz hatte.

Ein weiterer nicht legaler Nebenerwerb

Nicht nur das Schmuggeln erwies sich nach den entbehrungsreichen Kriegsjahren als einträgliche Einnahmequelle. Not macht bekanntlich immer wieder erfinderisch. Alkohol erwies sich ebenfalls als Mangelware während der Aufbaujahre.

Selbst ist der Mann (oder die Frau), hieß es gerade damals. Es wurde zur Selbsthilfe gegriffen und so dauerte es in manchen Häusern nicht lange, bis die notwendigen Vorbereitungen getroffen waren, die hochprozentige Flüssigkeit selbst zu destillieren oder zu brennen. Eine der letzten Zeitzeugen und ehemalige »Brennerin«, die ich vor Jahren in Schmidt aufsuchte, versicherte mir, dass dieses Unterfangen auch nicht ungefährlich war. »Auch da hatten die Zöllner ihre Nase drin!«, berichtete sie mir. »Und die hatten recht feinfühlige Nasen!«, ergänzte sie. Wurde irgendwo »schwarz« gebrannt, verriet der durchdringende Duft des Alkohols diese illegale Produktionsstätte sofort. Aus diesem Grund, so wurde es mir versichert, stand im Flur der jeweiligen Häuser, in denen eine Alkoholproduktion stattfand, stets eine Kanne gefüllt mit Petroleum. Näherten sich die Zöllner dem für sie verdächtigen Objekt, wurde kurzerhand, vor ihrem Betreten des Hauses, die Kanne Petroleum im Hausflur umgekippt. Die stark riechende und alle anderen Düfte überdeckende Flüssigkeit verteilte sich in dem Raum und machte ihn zudem unpassierbar. Der verräterische Duft der Alkoholproduktion wurde dadurch überlagert, so dass die Zöllner keine Handhabe mehr besaßen, die weiteren Räume zu betreten. Sie zogen sich unverrichteter Dinge zurück. Die Schwarzbrenner sahen ihnen grinsend hinterher.

Eine besondere Art des Transports von Kaffee oder Alkohol wandten die Frauen an, wenn sie mit dem Omnibus nach Aachen fuhren. Auf der untersten Ebene von großen Weidekörben lagen ihre »Waren«. Darüber füllten sie den Korb randvoll mit frischen Eiern aus eigener Produktion. Sehr häufig wurden die Linienbusse auf freier Strecke von den Zöllnern angehalten, um Kontrollen durchzuführen. Sie wussten zu genau, dass die Frauen nicht nur einen Ausflug nach Aachen machten, sondern mit den mitgeführten Waren dort einen kleinen Nebenverdienst erzielen wollten. Die Eier waren somit nicht in ihrem Visier, sondern nur, was darunter lag. Dabei schreckten sie nicht zurück, die Körbe ganz ausleeren zu lassen, um die unterste Ebene zu kontrollieren. Es soll einmal vorgekommen sein, dass die Frauen bereitwillig mit dem Entleeren der Körbe begannen. Dabei baten sie die Zöllner, ihnen behilflich zu sein und reichten ihnen in schneller Folge die rohen Eier, die diese solange festhalten sollten. Als Hände und Arme der Zöllner mit der zerbrechlichen Ware bedeckt waren, sahen sie sich selbst außerstande, eigenhändig die Kontrolle auf dem Boden der Körbe zu vollenden. Bereitwillig stimmten sie zu, sich wieder von den Eiern zu befreien und diese zurück in die Körbe zu legen. Mürrisch verließen sie den Omnibus und entfernten sich eilig mit ihrem Fahrzeug. Ob sich eine ähnliche Situation noch einmal ergeben hat, ist fraglich, eher nicht. Denn die beiden Zöllner werden bestimmt ihr peinliches Erlebnis direkt ihren Kollegen mitgeteilt haben, um diese nicht auch noch in eine derart blamable Situation zu bringen.

Nervenkitzel neu aufgelegt

Es war ja kein Spiel, was die Schmuggler da vollbrachten, sondern bitterer Ernst. Heute können Interessierte, wenn auch vollkommen gefahrlos, aber dennoch spannend, auf den Spuren der Schmuggler wandeln und mit etwas Nervenkitzel deren einstige Aktionen nachvollziehen. Zwei junge Damen mit den zum Thema passenden Namen »Anna Grenze« und »Wilma Rüber« führen Schmugglertouren durch, bei denen man auf einer 7 Kilometer langen Grenzwanderung mit einer Dauer von ca. 3,5 Stunden lebendige Zeitgeschichte nachempfinden kann. Auf dieses Abenteuer kann man sich einlassen über die Touristinformation Prüm.

Der Kalte Krieg als Bauherr

Die Regierungsbunker in der Eifel

Der Zweite Weltkrieg war beendet, da begannen auch schon weitere Unwägbarkeiten für einen dauerhaften Frieden. Zwar ohne Waffen und Zerstörungen, aber in ihrer Art zermürbend und beängstigend: der Kalte Krieg, auch Ost-West-Konflikt genannt.

In der damaligen Bundeshauptstadt Bonn sorgten sich die Verantwortlichen, wie im Fall eines Atomschlags in Deutschland weiter zu verfahren sei.

Ein Ausweichquartier für eine Notverwaltung des Bundes musste geschaffen werden

Eingang zur Dokumentationsstätte Regierungsbunker Ahrweiler.

und zwar nicht zu weit vom Regierungssitz entfernt, vor allem auch schnell erreichbar.

Man musste also unter die Erde. Die verantwortlichen Planer erinnerten sich an bereits fertig gestellte Tunnel im Ahrtal bei Ahrweiler. Diese stammten noch aus der Planung einer strategischen Bahntrasse in Richtung Westen. Verschiedene Tunnel mit Längen von 1 340 und 1 285 Metern waren größtenteils fertig gestellt. Zwischen 1930 und 1939 dienten diese Röhren mit konstanter Temperatur tief unter dem Ahrgebirge zur Champignon-Zucht. Gegen Ende des Zweiten Weltkrieges nutzten einige Rüstungsbetriebe diese »Verstecke« für ihre Fertigungen. Teile für die V-2-Raketen wurden dort gebaut. Ab Herbst 1944 fand die Ahrweiler Bevölkerung Schutz vor Bombenabwürfen auf ihre Stadt, die stark in Mitleidenschaft gezogen wurde. Insgesamt konnten 2 500 Bürger in der sogenannten Stadt im Berg unterkommen. Auf einer Strecke von einem Kilometer Länge dienten 305 provisorische Abgrenzungen als vorläufige sichere »Wohnbereiche« für Familien.

Diese Tunnel mit einem Gesamtausmaß von 2 625 Metern Länge sollten nun die Grundlage für einen »Ausweichsitz der Verfassungsorgane des Bundes im Krisen- und Verteidigungsfall zur Wahrung von deren Funktionstüchtigkeit«, kurz »Regierungsbunker«, bilden. Obwohl die Tunnel ja schon existierten – auch wenn sie nie für die vorgesehenen Zwecke genutzt worden waren –, gab es zwischen den Jahren 1960 und 1972 am »geheimsten Ort« der Bonner Republik noch viel zu tun. Nach Abschluss der Planungen, die nach strengsten Geheimhaltungsvorgaben unter dem Decknamen »Rosengarten« liefen, begannen die Ausstattungsarbeiten der sogenannten Dienststelle Marienthal.

Durch seitlich abgehende Stollen, die noch gebohrt oder gesprengt werden mussten, sollte zusätzlicher Raum unter der Erde geschaffen werden. Schließlich sollten hier einmal 3 000 Mitglieder der höchsten Staatsorgane im Ernstfall eines atomaren Schlags unterkommen und für dreißig Tage Schutz, Sicherheit und Verpflegung gewährleistet sein.

Der wichtigste Aspekt bei den Planungen war, dass ein eventuelles »Bunkerleben«

◤ *Ausgerüsteter Zahnbehandlungsraum.*
▶ *Fernmeldestube mit damals moderner Technik.*

überwiegend autark ablaufen musste. Dazu gehörte natürlich die Versorgung mit elektrischer Energie, das lebenswichtige Trinkwasser und saubere Frischluft. Dafür wurden die erforderlichen Aggregate, wie Stromerzeuger und Filter, installiert. Das Wasser sollte aus zwei eigenen Tiefbrunnen bezogen werden. Die Antenne für die Funkverbindungen nach draußen wurde aus Gründen der Tarnung und Ablenkung 30 Kilometer entfernt bei Bad Münstereifel-Kirspenich aufgestellt. Der ganze Bunker stellte eine kleine Stadt unter der Erde dar, mit Küchen, Krankenabteilung und einem Zahnbehandlungsraum. Sehr ermutigend erscheint die Tatsache, dass der Bohrer auch von Hand angetrieben werden konnte.

Ganz genau betrachtet bestand der Bunker sogar aus zwei Teilen. Ein Taleinschnitt trennte den Teil Ost vom Teil West, so dass ein Verbindungsgang in 60 Meter Tiefe erforderlich wurde. Natürlich war auch an diverse Notausstiege gedacht worden, die irgendwo im Wald des Ahrgebirges aus dem Bunker herausführten.

Da Eingänge erfahrungsgemäß immer Schwachstellen darstellen, waren starke Tore und Türen unerlässlich, die die einzelnen Bereiche dicht und sicher verschließen konnten. Zur Abtrennung von 897 Büro-, Verwaltungs-, Besprechungs- und Technikräumen sowie 936 Schlafbereichen wurden 25 000 Türen eingebaut. Die Haupteingänge, die im Falle eines atomaren Schlags einer hohen Druck- und Feuerwelle hätten standhalten müssen, wurden durch MAN-Tore aus Stahl und Beton gesichert. Trotz ihres hohen Gewichts von 25 Tonnen konnten sie in Sekundenschnelle undurchdringlich geschlossen werden. Ebenso funktionierten die Verschlussklappen an den Ab- und Zuluft-Schleusen.

Zu den Gesamtkosten gibt es unterschiedliche Aussagen, die sich zwischen 3 und 4 Milliarden DM bewegen. Eine absolut genaue Summe wurde niemals bekannt, allein schon wegen der Geheimhaltung und der strengen Schweigepflicht der Mitarbeiter, die offenbar auf Lebzeiten ausgesprochen war. Selbst nachdem der Bunker seine Bedeutung verloren hatte, schwieg ein damals leitender Mitarbeiter beharrlich auf meine Fragen nach

◄ *MAN-Tor im geöffneten Zustand.*
▶ *25 Tonnen schweres Tor halb geöffnet, vom Hauptgang aus gesehen.*

Einzelheiten, lächelte, wechselte das Thema und goss mir noch ein Glas Ahrrotwein ein.

Der Bunker war so wichtig, dass sogar in der Nähe eine Start- und Landemöglichkeit für Flugzeuge geschaffen wurde. Ein Teilstück der bei Grafschaft-Gelsdorf verlaufenden A 61 wurde so angelegt, dass die Mittelleitplanken ohne großen Aufwand schnell demontiert werden konnten. Eine Betonflä-

Blick in den zurückgebauten Tunnel am Ende des Museumsbereichs.

che ersetzte den sonst bewachsenen Mittelstreifen beider Richtungsfahrbahnen, so dass sich eine breite Start- und Landebahn ergab. Brücken fehlen in dem gesamten Bereich. Eine seitlich gelegene Ausweichfläche war als Abstellmöglichkeit für Militärflugzeuge vorgesehen. Heute nutzen dort Schwerlaster die Fläche für eine Rast. Für das Testen von Starts und Landungen wurde 1973 einmal die A 61 voll gesperrt.

In der Hoffnung, diesen Bunker nie in Anspruch nehmen zu müssen, wurde ihm dennoch in Friedenszeiten eine Nutzung zugedacht. Neben den ständig – im Dreischichtbetrieb – durchgeführten Kontroll-, Wartungs- und Instandhaltungsarbeiten von 180 zur Geheimhaltung verpflichteten Personen erfolgten 110 Meter unter den Ahrbergen bei künstlichem Licht NATO-Übungen. Diese dauerten immer dreißig Tage, die auch für den Ernstfall vorgegeben waren. Unter diesen Bedingungen wurden Gesetzgebungsverfahren mit »Notparlamentariern« und andere sich im Ernstfall ergebende Situationen »durchgespielt«.

Im November 1989 fiel die Berliner Mauer, eine ganz neue politische Lage entstand. Was sollte man dann noch mit dem Bunker, dem ein ganz anderes Szenario zugedacht war? Acht Jahre später entschloss sich die Bundesregierung, sich von dem Bauwerk zu trennen, das jährlich die Summe von 20 Millionen DM an laufenden Betriebskosten verschlang. Mehrere Versuche, einen privaten Investor für das Objekt zu finden, blieben erfolglos. Offenbar hielt die anfallende kostenintensive Brandschutzsanierung von einem Kauf ab. Es gab keine andere Lösung, als den Bunker mit einem finanziellen Aufwand von 16 Millionen Euro zurückzubauen, d. h. komplett auszuräumen und zu versiegeln. Das war notwendig, weil ständig Pumpen im Einsatz waren, Grundwasser und anderes eindringendes Wasser nach draußen zu befördern. Nach Abschalten der Pumpen wäre eines Tages das gesamte Bunkersystem mit Wasser aufgefüllt gewesen. Andere Maschinen und Aggregate hätten darin vorhandene Giftstoffe abgegeben. Abfließendes Wasser wäre kontaminiert worden. Das musste aus Gründen des Umweltschutzes vermieden werden.

Einmal wurden die Arbeiten nach den Anschlägen in New York am 11. September 2001 allerdings für kurze Zeit gestoppt. Von dem Gedanken, dass der Bunker vielleicht doch noch von Nutzen sein könnte, wurde dann aber bald Abstand genommen.

Schließlich war es 2006 so weit. Das systematische Ausräumen und gesamte Entfernen der technischen und nichttechnischen Inneneinrichtung war abgeschlossen. Es blieb eine schmucklose, betonierte Röhre, die einst nur zur Durchfahrt von Zügen dienen sollte.

Der Nachwelt allerdings sollte gezeigt werden, in welcher Form der Kalte Krieg zum Bauherrn geworden war. Wie er Menschen veranlasst hatte, Maßnahmen zu einem Weiterbestehen eines Landes zu treffen, auch wenn nicht abzusehen war, wie es nach dem befürchteten Schlag hätte weitergehen können. So wurden 203 Meter von der gesamten Bunkeranlage mit allen Einrichtungen oberhalb der historischen Altstadt von Ahrweiler der Nachwelt erhalten. Mit Hilfe des Kreises Ahrweiler zum Museum Dokumentationsstätte Regierungsbunker ausgestattet, erfolgte im Februar 2008 die Eröffnung. Die Bundesrepublik Deutschland, weiterhin Eigentümerin der Anlage, hatte sich mit 2,5 Millionen Euro an den Kosten der Verwirklichung dieses Museums beteiligt. Offenbar gewährte der Bund diesen großzügigen Zuschuss, weil von den veranschlagten Kosten von 30 Millionen Euro für den Rückbau am Ende nur 16 Millionen Euro zu Buche schlugen. Der Heimatverein Alt-Ahrweiler e. V. übernahm die Leitung des Museums.

Während der Zugang bei Marienthal unwiederbringlich fest verschweißt ist, wurde im Adenbachtal der Haupt- und einzige Eingang zum Bunkermuseum gestaltet.

Und noch ein Geheimnis …, nur nicht so groß

Wie vielen Menschen vielleicht nicht bekannt ist, stand dem Land Nordrhein-Westfalen auch ein Ausweichsitz mit der gleichen Aufgabenstellung zur Verfügung. Dieser befand sich in Kall-Urft im Kreis Euskirchen. In einem sicheren Atombunker sollten der Ministerpräsident und zweihundert ausgesuchte Experten im nuklearen Angriffsfall nicht nur

◥ Außenansicht des Ausweichsitzes NRW.
▸ Schlafraum im Ausweichsitz.

118

Schutz finden, sondern auch die Regierungsgeschäfte fortführen können.

Bereits im Jahre 1962 begannen die Planungen für einen Komplex von einer Größe von 1 000 Quadratmetern. Auch hier herrschte selbstverständlich die höchste Geheimhaltungsstufe. Die Bevölkerung der umliegenden Orte ging davon aus, dass es sich tatsächlich in Urft um ein kleines Wasserwerk und ein Warnamt handelte. Der Zugang befand sich in der Doppelgarage eines angrenzenden Wohnhauses. Begrünung und Baumbewuchs ließen keine Vermutungen zu, dass es sich um ein derartiges Schutzobjekt handelte. Alle drei Jahre wurde dort das Szenario des Dritten Weltkriegs nachgestellt und entsprechende Verhaltens- und Vorgehensweisen für den Ernstfall, den keiner wollte, geübt.

3 Meter dicke Stahlbetonmauern sollten nach einem atomaren Schlag die Strahlung abhalten. Was für das tägliche Leben erforderlich war, wie Lebensmittel, Trinkwasser, Medikamente, Bettzeug usw., war ständig vorhanden, verderbliche Waren wurden regelmäßig ausgetauscht und erneuert. Mehr als hundert Räume standen zur Verfügung.

Zum Glück musste auch dieser Ausweichsitz »ernsthaft« nicht in Anspruch genommen werden und wurde 1993 aufgegeben.

Heute kann er, wie sein großer Bruder in Bad Neuenahr-Ahrweiler, besichtigt werden.

Auf den Spuren
dampfender Ungetüme

Streckenweise Eisenbahnromantik

Bei dem Thema Erschließung durch die Eisenbahn musste die Eifel offenbar wieder einmal hinten anstehen.

Als im 19. Jahrhundert in Preußen die ersten zukunftsweisenden Maßnahmen erfolgten, Orte durch den Schienenverkehr zu verbinden, war die Eifel noch weit von derartigen infrastrukturellen Maßnahmen und Verbesserungen entfernt. Der Grund lag ganz klar *Jünkerath-Glaadt 1966.*

auf der Hand. Es waren die hohen Ausbaukosten, die hier im Vordergrund und somit dem Fortschritt im Weg standen. Aus finanzieller Sicht war es wesentlich günstiger, »auf dem flachen Land« Trassen zu erschließen und auszubauen, als in einer topographisch vielfältigen Region wie der Eifel. Steigungs- und Gefällstrecken versprachen technische Probleme. Ebenso waren es Berge, denen entweder über Umwege ausgewichen werden musste oder die man mit Tunneln zu durchqueren hatte. Diese galten nicht nur als eine technische Herausforderung, sondern waren auch sehr aufwendig, kosten- und zeitintensiv. Weitere Bedenken waren, ob sich die kostspielige Erschließung eines weniger dicht besiedelten Gebiets durch die Eisenbahn überhaupt lohne und auszahle.

Es waren damals in Preußen noch private Betreiber, die die Eisenbahnlinien ausbauten, betrieben und unterhielten. Diese reinen Wirtschaftsunternehmen waren verständlicherweise auf ihre Gewinnerzielung bedacht. Ausbaufreundlichere Regionen erforderten weniger Investitionen und wegen der Bevölkerungsdichte in der Folge größere Gewinne.

Doch schließlich kam es so weit, dass sich die Bahnbetreiber angesichts des allerorts aufstrebenden, wirtschaftlichen Fortschritts nicht mehr verschließen konnten, in der Eifel die dringend erforderlichen Bahnanschlüsse zu bauen. Dabei mussten die Betreiber tief in ihre Geldkästchen greifen. Im Vergleich zu anderen bahntechnisch bereits erschlossenen Gegenden kamen allerdings in der Eifel diese infrastrukturellen, dringend erforderlichen Maßnahmen viel zu spät.

Im Jahr 1843 wurde eine Bahnstrecke von Düren nach Aachen, also an der nördlichen Grenze der Eifel, in Betrieb genommen. Danach war eine Trasse geplant über Euskirchen, Zülpich, Kall entlang der Urft, Gemünd, Schleiden, Stadtkyll, Manderscheid, Wittlich bis Trier. Das bedeutete eine lange Strecke quer durch die Eifel, bei der zahlreiche wichtige Städte einbezogen werden sollten. Aber der Eisenbahngesellschaft erschien dieses Bauvorhaben zu umfangreich und von den zu erwartenden Kosten zu gewagt. Die Pläne wurden abgespeckt und eine Strecke von Euskirchen über Kall bis Schmidtheim, über Jünkerath bis Ehrang durch das Kylltal bis Trier angedacht und als ausreichend ▸*Kurz vor der Abfahrt.*

und finanzierbar befunden. Beim Reichstag in Berlin allerdings wurde die längere, zuerst geplante Strecke favorisiert. Trotz aller Bemühungen für den großzügigeren Ausbau setzte sich die Eisenbahngesellschaft letztendlich bei der Alternativstrecke durch. Schließlich musste sie ja für die Kosten aufkommen. Der Ausbau zwischen Euskirchen und Mechernich war 1864 fertig gestellt. Um zur nächsten Station – Scheven – eine Steigung von 100 Metern zu umgehen, blieb nur die Alternative, einen 472 Meter langen Tunnel zu bauen. Die Inbetriebnahme der Strecke Euskirchen–Kall erfolgte 1867 mit einer Verzögerung von zwei Jahren. Drei Jahre später wurde der Ausbau bis Schmidtheim, mit 554 Metern der höchste Bahnhof der Eifel, erreicht. Beim Feldzug gegen Frankreich erreichten 1870 große Militärverbände in kurzer Zeit verhältnismäßig bequem und Kräfte sparend diesen Ort auf dem Schienenweg, um dann weiter nach Westen zu marschieren. Angesichts bevorstehender kriegerischer Ereignisse drängte Berlin auf den beschleunigten Ausbau der Bahnstrecke bis Trier über Gerolstein, die im Juli 1871 fertig gestellt werden konnte.

Die Eifel war nun mit einem Schienensystem von Nord nach Süd verkehrstechnisch und logistisch erschlossen. Dieser Vorteil brachte es mit sich, dass die Orte an den Bahnlinien wuchsen. Holz-, Stein- und Mineralwasserbetriebe nutzten den Schienentransportweg, expandierten und erlebten einen Aufschwung. Aber auch notwendige Güter, die in der Eifel nicht vorhanden waren, konnten jetzt problemloser auf dem Schienenweg dorthin »importiert« werden.

Als im Jahr 1881 das Deutsche Reich die Eisenbahn übernahm, entstanden neben den Hauptstrecken zahlreiche Querverbindungen und Verzweigungen, die das Eifelgebiet noch weiter erschlossen und zugänglich machten. Die Zeit der Abgeschiedenheit der Menschen dieses Mittelgebirges gehörte der Vergangenheit an. Rhein und Mosel als Wasserverkehrswege rückten näher.

Nach der Fertigstellung aller Haupt- und Nebenstrecken verfügte die Eifel mit fast 1100 Kilometern Schienenstrang zu damaliger Zeit über das dichteste Eisenbahnnetz der Welt. Es gab über zweihundert Bahnhaltepunkte.

Worin lag der Grund, dieses lange vernachlässigte Gebiet im Westen des Reiches auf einmal so zügig auszustatten? Was viele verkannten: Militärstrategie und Logistik standen als Grundgedanken hinter diesen Maßnahmen. Denn unabhängig von jeglichen klimatischen Gegebenheiten war es jederzeit möglich, große Truppenverbände in Richtung Westen zu verschieben, um diesen zeitlichen Vorteil gegenüber dem Erzfeind Frankreich auszunutzen.

Aber auch friedliche Vorteile dieser infrastrukturellen Maßnahme waren nicht von der Hand zu weisen. Als die Post 1871, zuvor in den Händen der Familie von Thurn und Taxis, als Deutsche Reichspost in staatliche Verwaltung wechselte, entstand mit dem Zugverkehr eine intensive Zusammenarbeit. Sicherer und schneller als mit der Postkutsche war der Transport von Briefen und Paketen mit der Bahn. Pünktlichkeit und Verlässlichkeit erlangten einen neuen Stellenwert. Auch die Menschen gelangten müheloser von A nach B und das in beide Richtungen.

Aber mit der Zeit ließ der Bedarf am Transportweg Schiene nach. Der zunehmende Besitz an eigenen Fahrzeugen in der Bevölkerung entzog der Bahn zahlreiche Fahrgäste. Auch der Güterverkehr wurde immer mehr auf die Straße verlagert. Züge, besonders auf Nebenstrecken, waren nicht mehr ausgelastet. Die Betriebs- und Unterhaltungskosten allerdings blieben. So erfolgten am 2. Oktober 1960 die ersten Streckenstilllegungen in der Eifel, die sich bis 1991 fortsetzten. Schienenersatzverkehr, also Busse, erwiesen sich als kostengünstiger.

Heute erinnern noch zahlreiche Viadukte, Trassen und Tunnelbauten an das einst dichte Eisenbahnnetz in der Eifel. Wie wir später noch erfahren werden, erfüllen diese heute vielerorts eine neue Aufgabe.

Eisenbahnromantik bleibt
Der Vulkan-Express im Brohltal

Die ältere Generation kennt es noch: Im Tal hinter den Bäumen kündigte zuerst der weiße Rauch einer Dampflokomotive das baldige Erscheinen eines Zuges an. Hin und wieder ertönte an bestimmten Stellen das vorgeschriebene Pfeifen. Dann wurde das Schnauben lauter. Mit einem gleichmäßigen Rattern donnerte das schwarze Ungetüm dicht hinter der heruntergelassenen Schranke vorüber. Wenn der Boden unter den Füßen bebte, stockte vor Respekt fast der Atem vor diesem aus unzähligen Ventilen fauchenden Koloss.

Wer Eisenbahnromantik erleben will, begibt sich am besten zur Brohltalbahn. Diese fährt von Brohl (67 Meter ü. NN) am Rhein durch das enge gleichnamige Tal auf einer Ein-Meter-Spur stetig bergauf nach Engeln (465 Meter ü. NN). Der planmäßige Güterverkehr für den Steintransport von Brenk hinab zum Brohler Hafen wird mit Dieselloks betrieben.

Aber es gibt da noch einen besonderen Zug, der zu bestimmten Anlässen oder an Wochenenden für den Personenverkehr genutzt wird, der »Vulkan-Express«. Gewöhnlich wird dieser Personenzug auch von einer oder zwei Dieselloks gezogen. Neben den geschlossenen nostalgischen Personenwagen mit ihren typischen Holzsitzbänken gibt es sogar einen Wagen ohne Überdachung. An schönen Sommertagen weht den Gästen der Fahrtwind um die Nase. Dieser ist allerdings nicht sehr heftig, denn es geht mit einem Tempo von 20km/h bergan. Spätestens bei dieser Geschwindigkeit wird deutlich, dass die Bezeichnung »Express« nur der Name des altehrwürdigen Zuges ist. Scherzweise heißt es, dass man während der Mitfahrt sogar Blumen pflücken könne.

Auf einer Strecke von 17,7 Kilometern muss ein Höhenunterschied von fast 400 Metern bewältigt werden. Die Fahrt von 1,5 Stunden Dauer verläuft über Viadukte, durch einen 100 Meter langen, in Trass-Gestein geschlagenen Tunnel, durch Waldgebiete und an blühenden Sommerwiesen vorbei. An manchen der neun kleinen Bahnstationen steigen Fahrgäste aus und setzen ihren Ausflug auf ihren kostenlos im Gepäckwagen mittransportierten Fahrrädern fort.

Seit Mai 2015 verfügt die Brohltalbahn über eine besondere Attraktion, die viele Dampfrossliebhaber aus dem In- und Ausland anlockt. Es ist die »11sm Malletdampflok VBBn4vt, Fabriknummer 348 von Humboldt, Köln-Kalk« aus dem Jahr 1906. Diese Lok verkehrte in den 1960er Jahren täglich im

Brohltal. Danach wurde ihr Betrieb eingestellt und sie an ein Museum in Süddeutschland abgegeben. Erst 1989 erinnerte man sich bei der Interessengemeinschaft Brohltal-Schmalspureisenbahn (IBS) an dieses Prunkstück und holte das Dampfross zurück an ihren ehemaligen Heimatstandort. In sechsjähriger Arbeit wurde die Zugmaschine mit einem Kostenaufwand von 600 000 Euro restauriert und wieder betriebsfähig gemacht. Dies konnte nur mit Hilfe zahlreicher kleiner, aber zum Teil auch großzügiger Spenden verwirklicht werden. Der schwarze und dunkelgrüne Anstrich im Mittelbereich verbindet sich mit den roten beweglichen Teilen zu einer optischen Besonderheit. Wenn dann auch noch das Gesamtbild von weißen, aus dem Schornstein quellenden Dampfwolken umrahmt wird, schlägt das Herz jedes Eisenbahnliebhabers höher.

An bestimmten Tagen begibt sich diese nostalgische Lok, die mit einer Vorlaufzeit von sechs Stunden angeheizt werden muss, auf der schmalen Ein-Meter-Spur auf den Weg durch das

Nostalgischer Zug Brohltalbahn.

Brohltal. Dann erscheinen zahlreiche Dampflok-Begeisterte mit ihren Kameras. Sie treffen sich an den Bahnstationen, unter dem 120 Meter langen Viadukt bei Tönnisstein, an den Straßenrändern oder unbeschrankten Kreuzungspunkten, wenn die Bahn im Schritttempo die Seiten wechseln muss. Besonders beliebt ist das Motiv am Ausgang des Tönnissteiner Tunnels, um dort das dampfende und zischende, aus dem dichten Qualm herausquellende Ungetüm zu filmen.

Eine Mitfahrt bleibt ein unvergessenes Erlebnis, selbst wenn sich mal kurzfristig Rauch in das Innere der Wagen verirrt.

Nicht unerwähnt bleiben darf hier die beeindruckende Tatsache, wie sich die Mitglieder der Interessengemeinschaft Brohltal-Schmalspureisenbahn e.V. um ihren Schienenfuhrpark kümmern. Wird nicht gefahren, stehen Instandhaltungs- und Pflegearbeiten an, alles ehrenamtlich, versteht sich.

Das Eisenbahn-Museum in Jünkerath

Der Ort Jünkerath gilt mit seinem Eisenbahn-Museum sozusagen als Wallfahrtsort für alle, die sich für alte Eisenbahnen interessieren. Hier befand sich ein großer Eisenbahnknotenpunkt mitten in der Eifel; die Bahnstrecke von Köln nach Trier traf an die-

Treibachse der Lok 44 1211.

sem Ort auf die Nebenbahnen Dümpelfeld/Ahr–Lissendorf und Jünkerath–Losheim–Weywertz. Das Bahnbetriebswerk Jünkerath verfügte während der Dampflokzeit über zahlreiche Baureihen dieser schwarzen starken Zugmaschinen.

Als die Ära der Dampflokomotiven zu Ende ging und damit die Stilllegung zahlreicher Nebenstrecken erfolgte, verblasste auch die Bedeutung Jünkeraths als Eisenbahnstandort. Zum Glück gibt es die Eisenbahnfreunde Jünkerath e. V., die mit ihrem Interesse und persönlichen Engagement seit 1986 die Eisenbahntradition aufrechterhalten. Das 2008 eröffnete und sehenswerte Eisenbahn-Museum unterstreicht den Wunsch und das Bestreben, Eisenbahnnostalgie zu erhalten und anderen Interessierten einen Einblick in eine vergangene und bestimmt ruhigere Zeit zu vermitteln.

Das hoffentlich nur vorläufige »Aus« der Eifelquerbahn

Im Jahr 2013 teilte die Vulkan-Eifelbahn-Betriebsgesellschaft mbH (VEB) mit Bedauern mit, dass es ab der Saison 2013 keinen Freizeitverkehr auf der Strecke Gerolstein–Daun–Ulmen–Kaisersesch, der sogenannten Eifelquerbahn, mehr geben werde. Nach zwölf Jahren, in denen die historischen Schienenbusse in den Monaten Mai bis September im Zwei-Stunden-Takt etliche Hunderttausend Fahrgäste befördert hatten, kam das Aus wegen fehlender finanzieller Mittel. Auch die beliebten Dampflokzüge, die im Sommer verkehrten, werden nicht mehr schnaufend durch die Eifel fahren. Es müsste dringend in die Schieneninfrastruktur investiert werden. Da die Gelder dafür nicht aufgebracht oder seitens des Landes Rheinland-Pfalz bereitgestellt werden konnten, ging die Sicherheit erst einmal vor. Die Schienenbusse verharren im Schuppen, die Dampfloks bleiben kalt. Dennoch hofft man bei der VEB, dass eines Tages der weiße Dampf zwischen den grünen Wäldern und Wiesen die Wiederaufnahme der Zugfahrten ankündigen wird.

Die Vergangenheit für die Zukunft bewahren

Das Freilichtmuseum Kommern

Luxus und ein sorgenfreies Leben waren über lange Zeiten hinweg bei der armen Landbevölkerung fremde Begriffe. Stets stand die Familie im Vordergrund, Kinder wurden aufgezogen, Haus und Hof gehütet und von Generation zu Generation weitergegeben. Es war ein enger, familiärer Kreis, um den sich alles drehte.

Wir könnten uns heute kaum vorstellen, wie sich das tägliche Leben in der Eifel abspielte, wenn es nicht Museen gäbe, die Leben, Tradition und den harten Alltag früherer Zeiten bewahren, authentisch darstellen und für die Nachwelt erhalten würden.

Dieses Ziel hat sich das Freilichtmuseum Kommern unter Trägerschaft des Landschaftsverbands Rheinland (LVR) als oberste Aufgabe gestellt.

Erhaltenswerte und jahrhundertealte Fachwerkanlagen, die z. B. den Baggern des nordrhein-westfälischen Braunkohletagebaus zum Opfer gefallen wären, wurden rechtzeitig Stück für Stück, Balken für Balken, Stein für Stein nummeriert und von qualifizierten Handwerkern abgetragen. Nach dem Abtransport wurden sie eins zu eins in Mechernich-Kommern wieder aufgebaut. Aber auch gleichartige Objekte aus dem Westerwald, vom Mittel- und Niederrhein, aus dem Bergischen Land, der Eifel und Voreifel haben hier eine neue Bestimmung gefunden. Insgesamt vier Baugruppen mit mehr als siebzig Gebäuden aus dem Gebiet der ehemaligen preußischen Rheinprovinz bestimmen die weitläufige, über 95 Hektar große Museumsfreifläche. Diese zeigt sich als hügeliges, abwechslungsreiches Areal mit altem Baumbestand. Bauernhöfe, Wind- und Wassermühlen, Schul- und Backhaus, Schmiede, Kapelle und Tanzsaal finden wir zwischen Äckern, Bauerngärten und Obstwiesen. Sogar die Tierarten, die früher

auf den Bauernhöfen gehalten wurden, sind hierhin »zurückgekehrt«. In manchen Häusern flackert ein warmes Kaminfeuer. Es wird sogar Brot gebacken, das man käuflich er-

Interessantes Fachwerkhaus im Freilichtmuseum Kommern.

werben kann. Gekocht wird wie früher auf einem Herd, um den zahlreichen Mitarbeitern des Museums ein Mittagessen zu bereiten. In mehreren Werkstätten, wie z. B. Schmiede, Stellmacherei, Schreinerei oder Korbflechterei, beantworten Handwerker gerne die Fragen der Besucher. So kann mit Recht gesagt werden, dass dieses Museum lebt.

Über achtzig Veranstaltungen im Jahresverlauf gewähren interessierten Menschen Einblicke in die Zeit unserer Vorfahren. Beispielsweise zeigt der »Jahrmarkt anno dazumal«, mit achtzig Kirmes- und Jahrmarktattraktionen der letzten Jahrhunderte, wie sich früher die Menschen trotz ihrer harten körperlichen Arbeit ein wenig Freude und Abwechslung bereiteten. Geschichtlich nachweisbare Personen, von Akteuren dargestellt, sind im Museum unterwegs. Sie nehmen die Gäste mit in die Vergangenheit und beantworten gerne deren Fragen. Diese lebendige Vergangenheitsvermittlung trägt im Freilichtmuseum Kommern die treffende Bezeichnung »gespielte Geschichte«.

Überhaupt wird die Museumspädagogik hier groß geschrieben. Kinder und Jugendliche werden spielerisch in Veranstaltungen und Aktionen einbezogen. Mitmachen und erleben heißt es im Museum, wenn in zahlreichen Kursen und Projekten Besucher hautnah in das Alltagsleben unserer Ahnen geführt werden.

Dauerausstellungen in eigens dafür errichteten Museumsgebäuden ergänzen das umfangreiche Lern- und Erlebnisprogramm.

In den 1950er Jahren geplant, öffnete das Museum am 21. Juli 1961 seine Pforten und ist an 365 Tagen im Jahr geöffnet.

In der Burg und darunter – Eifelmuseum Genovevaburg, Mayen

Mitten im fast 19 000 Einwohner zählenden romantischen Städtchen Mayen in der Osteifel erhebt sich die mächtige Genovevaburg. Die bekannteste Sagenheldin der Gegend, Genoveva, gab diesem trutzigen Wehrbau, mit dessen Errichtung im Jahr 1280 begonnen wurde, den Namen. Welches Ambiente eignet sich besser, die Vergangenheit darzustellen, als eine Burg? Seit über hundert Jahren existiert das Eifelmuseum, dessen Präsentation sich allerdings durch Renovierungen und Umbauten in jüngster Vergangenheit den modernen, technischen Anforderungen der Museumswelt angepasst hat. Nur in einigen wenigen Bereichen wurde das Urtümliche so belassen.

In einer Abteilung wird zunächst ausführlich die unberührte Landschaft der Eifel behandelt, bevor der Mensch dort in Erscheinung getreten war.

Was geschah dann, als er da sesshaft wurde? Wie lebte er dort, wie und wo wohnte er, wie ernährte er sich? Diese Fragen in der direkten Beziehung zur Landschaft werden ausführlich in der folgenden Abteilung aufgearbeitet.

▶ *Genovevaburg Mayen.*

132

Kommt der Aberglaube zur Tür herein, flüchtet der Glaube aus dem Fenster, heißt es immer warnend, sich dem fehlgeleiteten Glauben nicht zu verschreiben. Beide Richtungen standen in der Eifel ganz nahe beieinander. Wie der Eifeler damit umging, wird eindrucksvoll im nächsten Teilbereich des Museums vermittelt.

Natürlich darf das Thema Geologie, sozusagen die Urmutter der Eifel, nicht fehlen. Die Zeit vom Urmeer bis in die heute vom Vulkanismus geformte Landschaft wird auf der Genovevaburg in einer besonderen Art aufgeblättert.

Die Mayener Gegend ist bekannt für den Schieferbergbau, der schon seit 2 000 Jahren bergmännisch unter Tage abgebaut und an das Tageslicht gebracht wird. Es ist der sogenannte Moselschiefer. Warum trägt er diesen Namen, verläuft doch die Mosel 20 Kilometer weiter südlich und der Abbau dieses Gesteins erfolgt mitten in der Eifel? Ganz einfach! Der Transport auf dem Wasserweg war bequemer, sicherer und schneller. Die »wenigen« Kilometer mit Pferdekarren auf weniger komfortablen Straßen bis zur Mosel nahm man daher gerne in Kauf. War dann der Schiefer erst einmal auf den Kähnen verladen, erfolgte die Weiterfahrt zunächst auf der Mosel auf- und abwärts, dann auf dem Rhein bis Holland. Übrigens: Die Bezeichnung »Moselschiefer« ist zum geschützten Handelsnamen der vielfältig verwendeten grauen Platten aus der Mayener Region geworden.

Obwohl wir uns in der Eifel befinden, ist der Schiefer keinesfalls vulkanischen Ursprungs, wie man annehmen möchte. Seine Anfänge liegen südlich des Äquators vor 400 Millionen Jahren. Das nur noch einmal zur Erinnerung.

Am Rand von Mayen liegt die Schiefer-Förderstätte »Katzenberg«, die sich bereits die Römer zunutze machten, selbstverständlich nicht in dieser hochtechnischen Form.

Der industrielle Abbau begann erst im Jahr 1793. Die zehnte, gleichzeitig unterste Sohle dieser Förderstätte, liegt bei 360 Metern Tiefe. Äußere Temperaturen, ob im Sommer oder Winter, nehmen keinen Einfluss mehr in diesen Tiefen. Sie liegen konstant bei 15 ° Celsius. Die relative Luftfeuchtigkeit erreicht nahezu 100 %. Das ist ganz normal, denn ständig tropft sogenanntes Bergwasser, d. h. von oben her eindringendes und durchsickerndes Niederschlagswasser, von Decken und Wänden und fließt in Bächen weiter abwärts. Von der tiefsten Stelle wird es wieder nach oben gepumpt. Dort wird es nicht etwa nutzlos abgeleitet, sondern über Tage für die Weiterverarbeitung des Schiefers eingesetzt. Das ist dringend erforderlich, denn nur in »bergfeuchtem« Zustand kann das Material weiterverarbeitet und kontrolliert in gewünschte Stärken gespalten werden. Trocken wäre dieser Arbeitsgang nicht durchzuführen, wertloser Bruch würde den Schiefer für eine Weiterverwendung unbrauchbar machen. Setzt der Arbeiter das Spaltwerkzeug richtig an, kann der Schieferblock sogar in nur wenige Millimeter dünne Scheiben zerlegt werden.

Da es sich bei dem Schieferbergwerk bei Mayen nicht um ein Besucherbergwerk handelt, sind Besichtigungen dort nicht möglich. Die Arbeiten erfolgen dort rund um die Uhr. Dennoch soll dieses Gewerk dem Interessierten nicht vorenthalten werden. Daher wurde unter der Genovevaburg mit ihrem Eifelmuseum ein Schieferbergwerk authentisch nachempfunden. Dazu bot sich ein Luftschutzbunker aus dem

Das nachgebildete Schieferbergwerk unter der Genovevaburg.

Zweiten Weltkrieg an. Mit Helm und schützendem Mantel wird in die hautnahe Erlebniswelt einer Schiefergrube eingestiegen. Eine virtuelle Lorenfahrt wird zu einem Erlebnis in einem Museum der ganz besonderen Art, dem Deutschen Schieferbergwerk unter der Genovevaburg in Mayen.

Aus einer Not zum Museum

Not macht erfinderisch, heißt es immer, und diese Tatsache hat sich schon sehr oft bewahrheitet.

Blicken wir doch mal in die Vulkaneifel, wo einst der karge Boden nicht die besten Voraussetzungen für den Lebensunterhalt durch Landwirtschaft bot. Missernten und Hungersnöte vertrieben viele Menschen im 19. Jahrhundert sogar aus ihrer Heimat, um ihrer Ausweglosigkeit zu entkommen.

Das Schicksal bestimmte es, dass sich der 1802 in Neroth geborene Theodor Kläs auf Wanderschaft begab, anstatt seinen erlernten Beruf als Lehrer auszuüben. Bevor er in den 1830er Jahren nach Neroth zurückkehrte, war er weit herumgekommen, hatte viel gesehen, erlebt und zudem in dieser Zeit das Handwerk der Drahtverarbeitung erlernt. Er beabsichtigte nun, durch die Herstellung von Mäusefallen aus Draht, die zudem in dieser Zeit dringend gebraucht wurden, eine Aufbesserung des Lebensunterhalts zu erreichen. Von seinem Plan überzeugt, brachte er seine Fertigkeit zunächst seinen Verwandten bei. Bald schon interessierten sich auch andere Menschen dafür, nicht nur aus seinem Heimatort Neroth.

Alle Familienmitglieder hatten eine Aufgabe bei der Herstellung von Mäusefallen, sogar Kindern wurde eine leichte handwerkliche Arbeit zugeteilt. Aus dem ursprünglich geplanten Nebenerwerb wurde wegen der großen Nachfrage bald eine Haupteinnahmequelle. Die fertigen Produkte wurden von über Land ziehenden Hausierern vertrieben.

Später wurde sogar die Produktpalette erweitert. Weil sich jeder selbst die entsprechenden Werkzeuge nach seinen Bedürfnis-

◤ *Feine Handarbeit aus den Händen der Drahtbieger.*
▶ *Nachbau einer Werkstatt im Mausefallenmuseum Neroth.*

sen entwickeln konnte, bot es sich an, auch Kleiderbügel, Blumenkörbe oder als Küchenhelfer Schneebesen herzustellen.

Erst im Jahr 1979 schloss der letzte Betrieb zur Drahtverarbeitung in Neroth.

Um dieses seltene Handwerk nicht in Vergessenheit geraten zu lassen, wurde diesem 1990 in Neroth ein kleines Museum gewidmet. Darin wird deutlich, wie und mit welchen unterschiedlichen Werkzeugen gearbeitet wurde. Wohn- und Arbeitsbereich der Handwerker bildeten meist eine Einheit. Viel Platz war nicht erforderlich für einen kleinen Tisch und die unterschiedlichen Zangen zum Biegen des Drahtes. Ein Raum zeigt die Originalwerkstatt des letzten Nerother Drahtbiegers. Eine lebensgroße Figur stellt einen Hausierer der damaligen Zeit dar. Diese legten stets großen Wert auf ein sauberes äußeres Erscheinungsbild, wenn sie bei ihren Kunden an den Türen erschienen.

Die gesamte Eifel verfügt über eine Vielzahl sehenswerter Museen unterschiedlicher Größen und vielfältigen Themen. Immer gibt es Interessantes zu betrachten, für jeden ist etwas nach seinem Wissensdurst dabei, vom Brauereimuseum bis zum Krippen-, Karnevals-, Apotheken- oder Feuerwehrmuseum, um nur einige wenige hier herauszugreifen. Besonders hervorzuheben und mit Lob zu bedenken sind viele kleinere Museen, die mit ehrenamtlichem Einsatz gegründet wurden und mit großem Engagement und Liebe zur Heimat betrieben werden.

Die alljährliche Vertreibung der Wintergeister

Blankenheim zeigt, wie es geht

Gibt es nun Geister oder nicht? Die Bürger von Blankenheim sind jedenfalls davon überzeugt, dass diese geheimnisvollen, Schaden bringenden Gestalten existieren. Es sind die Wintergeister, die vertrieben werden müssen, damit die baldige Aussaat und spätere Ernte unbeschadet bleiben. Auf diese Plagegeister haben sich die Blankenheimer seit Langem regelrecht spezialisiert und machen ihnen jährlich den Garaus.

Jedes Jahr am Karnevalssamstag ist es um 19 Uhr so weit. Selbst als Geist verkleidet, ganz in Weiß und ausgestattet mit unterschiedlichen Lärminstrumenten treffen sich Jung und Alt, Männer und Frauen vor dem Rathaus der Geburtsstadt der Ahr. Schon jetzt erweist sich der Anblick der zahlreichen in weiße Bettlaken gehüllten Personen als äußerst geisterhaft. Die Enden der weißen Verkleidung liegen oben zusammengeknotet auf den Köpfen und erscheinen wie furchterregende Hörner in dem flackernden Schein der mitgeführten Pechfackeln.

Kurze Zeit später formiert sich die Geisterschar zu einem Zug und setzt sich langsam in Bewegung, vorbei an jedem Haus dieses kleinen Städtchens mit dem mittelalterlichen Flair. Aber zu einer erfolgreichen Vertreibung der Wintergeister reicht nicht allein die Anwesenheit, selbst in der Darstellung eines (guten) Artgenossen. Während der Dauer dieses Geisterzuges ertönt ununterbrochen der eintönige und im wahrsten Sinne des Wortes geisttötende Satz:

> Juh jah! Kribbel en der Botz, wer dat net hätt, dä es nix notz, juh jah! Kribbel en der Botz, de Fassenach es do! Ne richtige Fastelovensjeck, dä freut sich över jeden Dreck! Juh jah! Kribbel en der Botz. De Fassenaach es do!

Diese Weisheit entstand schon im 18. Jahrhundert in Blankenheim und wurde so Jahr für Jahr ohne Änderung beibehalten. Die Teilnehmer werden dadurch angespornt, sich springend und tanzend durch Straßen, Gässchen und durch das Stadttor zu bewegen, immer in der Absicht, die bösen Wintergeister zu vertreiben.

Eine Stunde dauert dieser Umzug. Sind die Narren in Köln, Mainz oder Düsseldorf und nicht nur rheinischen Karnevalshochburgen andere Fastnachtsumzüge gewohnt, ist man in Blankenheim dem ursprünglichen Sinn dieser Veranstaltung treu geblieben: der Geistervertreibung. Hier fliegen keine Kamelle, Strüßje oder Schokolädchen. Auch Politiker werden hier nicht aus aktuellen Anlässen sozusagen durch den Kakao gezogen oder es wird ihnen der Spiegel der Wahrheit vorgehalten. Diese Art Karneval hat es hier noch nie gegeben. Seit 1613 gibt es den diesen Geisterzug, der bundesweit als einmalig gilt.

Diese jährliche Traditionsveranstaltung, auf die die Blankenheimer stolz sind, erfreut sich immer größer werdender Beliebtheit bei den »ortsansässigen Geistervertreibern«. Die begeisterte Teilnehmerzahl wächst von Jahr zu Jahr. Man könnte annehmen, wenn in Köln mit einem Lied der größte Wunsch geäußert wird: »einmal Prinz zu sein«, könnte es in Blankenheim analog heißen: »einmal Geist zu sein!«

Übrigens, Blankenheim ist dennoch nicht ganz »prinzenlos«. Den Umzug führt tatsächlich auch ein Prinz Karneval an, natürlich weiß gekleidet und als Obergeist in der Gemeinschaft sofort zu erkennen, nämlich hoch zu Ross. Zudem hebt er sich von den anderen ab, weil er als Einziger Flügel auf dem Rücken tragen darf. Vor diesem Prinzen laufen die zwei »Jecke-Böhnchen«, ebenfalls in einheitlicher Geisterverkleidung, auf und ab und geben als Vorspringer sozusagen Geschwindigkeit und den Takt an, dem die anderen folgen.

An der Weiherhalle, dem zentralen Blankenheimer Zusammenkunftsort, endet der Zug. Ein Geisterball beendet dann den Höhepunkt dieses Karnevals.

Die Zahl der anreisenden Gäste wird auch von Jahr zu Jahr größer. Mit 10 000 Menschen, wie es heißt, teilweise auch in geisterabweisendes Weiß gehüllt, ist der kleine Ort dicht gefüllt.

◥ *Prinz Karneval beim Geisterzug in Blankenheim.*
▸ *Reges Besucherinteresse beim Geisterzug.*

Dass für die Blankenheimer der Karneval eine »ernste Sache« ist und sie auch dazu stehen, zeigt die Tatsache, dass es hier ein eigenes Karnevalsmuseum gibt, das im Georgstor untergebracht ist. Seit 1986 wurden die Räume von den Karnevalisten renoviert und für die Exponate entsprechend ausgebaut, die bis in das Jahr 1613 zu datieren sind.

Eine Sau war an allem schuld

Es gibt einen weiteren Ort in der Eifel, der durch seine Tradition, die auch jährlich intensiv gelebt wird, über die Grenzen hinaus bekannt geworden ist: Wittlich.

Die Eifel ist ja bekannt für seinen Sagen- und Legendenreichtum. Dieser zählt auch zu dem von Generation zu Generation weitergetragenen Kulturgut. Ob man das alles glauben kann, was da wiedergegeben wird, bleibt jedem selbst überlassen.

Begeben wir uns zurück in das Jahr 1397.

Die Stadt Wittlich lag mit Friedrich von Ehrenburg in Fehde und wurde von seinen Truppen belagert. Die Stadtmauern und Tore hatten bisher jeden Angriff erfolgreich abwehren können. Innen sicherten starke Riegel das Öffnen der schweren Tore.

Eines Tages allerdings hatte sich einer dieser alten und abgenutzten Verschlüsse gelöst und war hinuntergefallen, ohne dass sich in diesem Moment das Tor öffnete. Als bei Dunkelheit ein Soldat die Tore kontrollierte, entdeckte er diesen Mangel und suchte sofort nach dieser hölzernen Sperre. Er fand sie aber nicht, weil seine Laterne zu wenig Licht spendete. Der pflichtbewusste Soldat wollte daher einen anderen Gegenstand nehmen, weil das ungewollte Öffnen des Tores durch einen Windzug verhindert werden musste. Als er ganz in der Nähe eine Rübe fand, nahm er diese als Ersatz und glaubte die Stadt vor den Feinden von draußen gesichert zu haben. Doch dieser Plan ging nicht auf. Eine Haussau, die ihren Stall verlassen hatte, entdeckte das späte »Nachtdessert« und fraß es kurzerhand auf. Das Tor war nun wieder ungesichert und wurde später durch einen Windstoß geöff-

net. Das erkannten die aufmerksamen Be-
satzer und nutzten diese Gelegenheit, über-
raschend in die wehrlose Stadt einzudringen,
um sie zu erobern.

Wittlich – diese Sau war an allem schuld.

Wie es im Leben meistens so ist, einer muss immer schuld
sein, dieses Mal die Haussau. Die Wittlicher sannen auf Rache und trieben alle Artgenossen der gefräßigen »Verräterin«
zusammen und verbrannten sie auf dem Marktplatz. Ob sie
sich allerdings dadurch einen Gefallen getan hatten, bleibt
fraglich. Aber den Namen »Säubrenner« sollen sie seit diesem Ereignis tragen.

Erst im Jahr 1950 besann man sich der angeblichen Ereignisse und initiierte die Wittlicher Säubrennerkirmes, die seitdem jährlich an jedem dritten Wochenende im August Tau-
sende von Menschen aus nah und fern anlockt. Mehr als
hundert Schweine erinnern an das Schicksal ihrer Artgenossen im Jahr 1397, indem sie an Saubratenständen zubereitet
und zum Verzehr angeboten werden.

So wurde aus einem weit zurückliegenden angeblichen
Ereignis eine gerne gepflegte Tradition.

143

Hüpfen in Gottes Namen

»Drei Schritte vor und zwei zurück« ist ein Ausdruck, der auch im täglichen Leben schon mal angewandt wird, wenn jemand nicht so recht vorankommt – denn rechnerisch wendet er fünf Schritte auf, um sich nur einen Schritt nach vorn zu bewegen, zudem ist es eine Übung, die auch in die Beine geht. Gemeint ist aber hier die Echternacher Springprozession, die alljährlich am Dienstag nach Pfingsten zu Ehren des hl. Willibrord durchgeführt wird.

Marktplatz von Echternach.

Das Reglement allerdings wurde in neuerer Zeit etwas gelockert, vielleicht um mehr Teilnehmer anzulocken. Nach erfolgten drei Schritten vorwärts muss nun nur noch ein Schritt nach hinten gesetzt werden. Die zurückgelegte Strecke verdoppelt sich somit. Die ganze Handlung wird musikalisch mit Polkamelodien untermalt.

Wie kam es zu einer derart eigenartigen, mehr sportlich geprägten, ungewöhnlichen Form der Heiligenverehrung? Es war ein Mönch namens Willibrord, der Ende des 7. Jahrhunderts in diese Gegend kam und von Irnina, einer Äbtissin aus Trier, ein Landgut am Ufer der Sauer als Schenkung erhielt. Dort errichtete er zunächst eine kleine Kirche. Aus dieser entstand später eine Abtei, die sich im weiteren Verlauf zu einem bedeutenden kulturellen und geistigen Zentrum entwickelte. Nach Willibrords Tod am 7. November 739 wurde er im Chorraum seiner Abteikirche beigesetzt. Seitdem kamen die Gläubigen zu seinem Grab, um diesen Toten um Heilung verschiedener Krankheiten zu bitten.

Die Springprozession wurde im Jahr 2010 von der UNESCO als immaterielles Kulturerbe der Menschheit anerkannt.

Die Prozession in heutiger Form geht bis ins 19. Jahrhundert zurück, andere Quellen aber weisen auch auf das Mittelalter hin. Besonders beachtenswert sind aber die Worte eines Abtes Berno von Reichenau, das Lob Christi zu Ehren des hl. Willibrord in einem »Dreisprung« zu feiern. Das war bereits im Jahr 1000.

Der genaue Grund, warum die Prozession in dieser spektakulären Form vor Tausenden von Zuschauern vollzogen wird, ist bislang noch nicht ausreichend geklärt. Eine Vermutung lässt allerdings eine Erklärung näher rücken. So war neben einigen anderen Heiligen Willibrord der Patron, der bei Nervenkrankheiten, Krämpfen oder Epilepsie um Hilfe gebeten wurde. Es könnte durchaus sinnvoll hergeleitet werden, dass einst Kranke an dieser Prozession teilnahmen und die Bewegungen einer Krankheitsform, die nicht kalkulierbar war, das Bild prägten. Gesunde hingegen könnten sich an diesen Bewegungen beteiligt haben, in der Bitte und Hoffnung, von diesen Krankheiten verschont zu bleiben.

Ei, Ei, Ei und noch ein Brauch!

Exakt beschrieben, sind es genau 104 rohe Eier, die zu Ostern in Schönecken die Aufmerksamkeit Hunderter Schaulustiger auf sich ziehen. Einer der ältesten noch erhaltenen Osterbräuche wird hier unter Regie und Initiative des Junggesellenvereins »Sodalität« in Schönecken durchgeführt. Die Hauptpersonen der »Eierlage«, wie dieser Brauch seit über dreihundert Jahren genannt wird, sind Raffer und Läufer. Alle tragen eine traditionelle Pagenkleidung. Während die beiden Beteiligten ungeduldig auf ihren Auftritt hinfiebern, werden von Mitgliedern des Junggesellenvereins unter strenger Aufsicht durch Hauptmann und Brudermeister in historischer Tracht die Rinnsteine beginnend an der Von-Hersel-Straße mit einer Schicht Sägemehl ausgestattet. In diesen weichen Untergrund werden dann genau 104 rohe Eier gelegt, die jeweils den exakten Abstand von einer Elle, das bedeutet 62,5 Zentimeter, haben müssen. Das Einhalten dieses Maßes wird streng überwacht. So kommt schließlich eine Strecke von 6,6 Kilometern zusammen.

Sind alle Vorbereitungen abgeschlossen, beginnt um 14:10 Uhr ein Wettkampf zwischen den Läufern und Raffern, der folgendermaßen aussieht: Der Läufer muss zum 3,8 Kilometer entfernt gelegenen Ort Seiwerath laufen. Dort erhält er eine Bestätigung seiner Ankunft, um dann wieder auf gleichem Weg nach Schönecken zurückzulaufen. Seine Strecke misst dann 7,6 Kilometer bei einem Höhenunterschied von 122 Metern. Der Raffer muss nach dem gemeinsam erfolgten Start die 104 Eier aufsammeln und vorsichtig in Körbe legen. Zwar ist seine am Schluss zurückgelegte Strecke einen Kilometer kürzer, doch das ständige Bücken erweist sich als nicht weniger anstrengend für ihn. Wichtig ist dabei, dass keines der Eier beschädigt wird. Wer von den beiden zuerst das Ziel erreicht hat, wird als Sieger geehrt.

Wie kam es nun zu diesem Brauch, wollen natürlich an Tradition und Brauchtum Interessierte wissen. Der Ursprung dieser sportlichen Veranstaltung soll um das Jahr 1500 liegen, als sich 14 Junker auf der Burg

▸ *Das Auslegen der Eier in Sägespäne wird nach exaktem Messen vorgenommen.*

Ein genaues Maß ist zur Auslage der Eier erforderlich.

Schönecken aufhielten. Diese beschäftigten üblicherweise zu ihren persönlichen Bedürfnissen mehrere junge Bedienstete. Natürlich glaubte jeder dieser Junker, dass seine eigenen »Angestellten« die schnellsten seien. Es soll sich daher eines Tages so ergeben haben, dass die tatsächliche Leistung der Bediensteten in einem Wettkampf gemessen wurde, um eine Entscheidung in dieser Frage herbeizuführen. Das soll der Ursprung des heute noch gepflegten Brauchs gewesen sein. Weil nicht nur bei den Junkern, sondern auch bei der Bevölkerung diese mehr als Belustigung empfundene Handlung eine willkommene Abwechslung in das alltägliche Leben brachte, wird diese am Ostermontag bis heute beibehalten.

Die DM ging, Burg Eltz blieb

Die eindrucksvolle Burgenvielfalt der Eifel

Es gibt eine Burg in der Eifel, die in Deutschland spätestens zu Zeiten der D-Mark Berühmtheit erlangte: Burg Eltz im Elzbachtal (die Schreibweise stimmt ... Es handelte sich bei den Besitzern um die Grafen von Eltz, während der Bachlauf ohne »t« geschrieben wird), abgebildet auf dem einstigen 500-Mark-Schein. Zu Recht: Schließlich handelt es sich um eine Burg, die sich wie in einem romantischen Bilderbuch präsentiert. Erwähnenswert ist, dass Burg Eltz niemals gewaltsam Schaden genommen hat, sie wurde nie durch kriegerische Ereignisse, von denen es in der Eifel unzählige gab, in Mitleidenschaft gezogen. Andere Burgen in der Eifelregion wurden in den meisten Fällen während der Reunionskriege durch Ludwig XIV. zerstört.

Etwas Glück war schon dabei, dass Burg Eltz dieses Schicksal nicht ereilte. Ein Mitglied des weitverzweigten Geschlechts von Eltz diente damals in der französischen Armee. Diesem gelang es, den Stammsitz seiner Familie von dem Befehl der Zerstörung herausnehmen zu lassen.

Das Besondere an dieser deutschen »Musterburg« ist ihre Lage auf einem steilen, 70 Meter hohen Felssporn. Von der Typologie stellt sie sich als Höhenburg dar, mit den besten strategischen Grundvoraussetzungen ausgestattet, also schwer bezwingbar oder einnehmbar. Von allen Seiten von emporragenden Anhöhen mit Wäldern umgeben, liegt die Burg dennoch in einem Tal.

Da die Grundfläche auf dem Felsensporn im Vergleich zu anderen Burgen sehr klein ist, mussten alle Gebäude in die Höhe gezogen werden, um den erforderlichen Wohn- und Verteidigungsraum zu schaffen. Burg Eltz ist eine so genannte »Ganerbenburg«. Das bedeutet, dass mehrere verschiedene Zweige dieses Geschlechts das gleiche Wohnrecht besaßen und zugleich dicht beieinander leben mussten. In diesem Fall waren es vier. Um internen Fehden vorzubeugen und im

Ernstfall die Gemeinsamkeit über alles zu stellen, wurde 1323 in einen Burgfriedensbrief diesbezüglich alles geregelt. Dort heißt es auszugsweise: »[...] alles, was in dem Burgfrieden wohnt, einander zu schützen und zu helfen, sooft es Not tut.«

Warum aber wurde an dieser abgeschiedenen Stelle im dichten Wald mit dem Bau dieser Burg im 12. Jahrhundert begonnen?

Im Wald gelegen: Burg Eltz.

Im Elzbachtal verlief ein viel genutzter, als Abkürzung dienender Verbindungsweg zwischen der Mosel, der wichtigen Handels- und Schifffahrtsstraße, zum nördlich gelegenen Mayengau. Dieser zeichnete sich durch seine lockeren und fruchtbaren Böden als sehr gutes Ackerland aus. Den Schutz dieser Strecke sollte Burg Eltz gewährleisten.

Die jüngsten umfangreichen Sanierungsarbeiten an der vor Schönheit und Wehrhaftigkeit nicht zu übertreffenden Burg erfolgten von 2009 bis 2012. Hierzu gehörte u. a. der Austausch fast aller Schieferdächer, nachdem in den Dachwerken Konstruktionsprobleme behoben waren und man den Holzschädlingen zu Leibe gerückt war. Was lag näher, als für die Neueindeckung, wie seit jeher gehandhabt, den bei Mayen geförderten »Moselschiefer« zu verwenden. Bei der gesamten Maßnahme wurden insgesamt 4,4 Millionen Euro sinnvoll und zukunftsweisend investiert.

Keine wie die andere

Bei der Vielfalt der existierenden Burgen kann selbstverständlich keine wie die andere sein. An erster Stelle stand stets die strategische Notwendigkeit, die es erforderlich machte, eine Burg zu errichten. Dann war die topographische Lage ein wesentlicher Gesichtspunkt, die das Aussehen einer Burg beeinflusste und formte.

Zur Verdeutlichung dieser Kriterien wenden wir unser Augenmerk jetzt auf die Burg Satzvey bei Mechernich in der nördlichen Eifel. Sie zählt zu einer der besterhaltenen Wasserburgen des Rheinlands. Hier zeigt sich im Vergleich zur Südeifel das Landschaftsbild überwiegend flach. Das bedeutete allerdings eine Herausforderung für die Burgenbauer, denn fehlende, schützende Anhöhen mussten nun durch andere wirkungsvolle strategische Baumaßnahmen ersetzt werden. Der Burggraben stellte hier, gespeist durch den Veybach, das erste Hindernis dar, um Angreifer abzuwehren oder die Annäherung wenigstens zu erschweren.

Das Hauptgebäude der Burg Satzvey bildet das Herrenhaus. Scheunen und Ställe sind angegliedert. Das vordere

Burggelände wird durch ein Steintor erreicht, das mit einem Zinnenkranz ausgestattet ist. Wenige Meter weiter öffnet sich ein Doppelturmtor aus der zweiten Hälfte des 15. Jahrhunderts. Von diesem bildet auf der linken Seite eine Schildmauer die Verbindung zum Haupthaus, auch Palas genannt. Als historisches Kernstück der gesamten Anlage überragt er mit seiner Größe und den erhaltenen gotischen Elementen den geräumigen Innenhof. Die rot-weißen Fensterläden an dem sehr gepflegten, alten Gemäuer stellen ein frisches, farbiges Attribut dar.

Das ganze Jahr über dient die Wasserburg als Kulisse für zahlreiche Aktivitäten. Am bekanntesten sind die Ritterspiele auf dem eigenen Turnierplatz im großen Park. Wenn Lebkuchenduft durch den Burghof schwebt und der Rauch vom Buchenfeuer aufsteigt, Tannenbäume geschmückt sind, wird deutlich, dass bald wieder Weihnachten ist und der dazugehörige mittelalterliche Markt auf der Burg Satzvey die Menschen aus nah und fern anlockt. Selbst wenn keine Veranstaltung stattfindet, ist ein Besuch lohnenswert. Das Burggelände kann jederzeit ohne Eintritt besichtigt werden. Gegen Gebühr werden Führungen im Innern des Haupthauses angeboten. Eine Etage wird heute noch von der gräflichen Familie bewohnt.

Von der Burg zum Schloss

Begeben wir uns zu einem weiteren sehenswerten Kleinod der Eifel in der Nähe von Mayen. Es ist das Schloss Bürresheim, das ursprünglich als Burg errichtet wurde. Ähnlich wie die Burg Eltz liegt dieser wehrhafte Bau auf einem langen wasserumflossenen Felsen. Hier fließen Nette-, Nitz- und Welschenbach zusammen. Bürresheim wurde im 12. Jahrhundert erbaut und ununterbrochen bis zum 17. Jahrhundert von Adelsfamilien bewohnt und nie zerstört. In den Jahren 1659 bis 1661 wurde die Burg in einen wohnlichen Barockbau umgewandelt, um mehr Wohnkomfort zu schaffen. Beim Betreten

◀ *Burg Satzvey, eine der schönsten Wasserburgen der Eifel.*
▶ *Schloss Bürresheim mit seinen mächtigen Mauern.*

der Innenräume glaubt man nicht nur, die Zeit sei stehen geblieben, sondern es scheint sich ein Buch der Stilkunde für Möbel und Wohnambiente zu öffnen. Siebenhundert Jahre präsentieren ihre einzelnen Stilepochen, bleiverglaste Fensterscheiben dämpfen das Licht von draußen, geben den Räumen eine sanfte, Ruhe ausstrahlende Atmosphäre. Hier möchte jeder schon länger verweilen, manch einer vielleicht sogar einziehen. Übrigens, der letzte Auszug ist noch gar nicht so lange her, gemessen am Alter dieses einzigartigen Gebäudes. Bis 1938 war Schloss Bürresheim als Adelsbesitz noch bewohnt. Heute ist es im Besitz des Landes Rheinland-Pfalz.

Aber auch Ruinen sind schützenswert

Neben intakten Burgen gibt es aber noch eine Fülle von »vergessenen« Burgruinen in der Eifel, die zwar Glieder der Geschichte sind, aber nicht alle erhalten werden können. Eine sinnvolle Nutzung ist da angebracht. Gemeint ist nicht der Wiederaufbau dieser Gemäuer. Nein, eine Burgruine kann auch ihren besonderen Reiz haben, Menschen anlocken und Vergangenheit vermitteln wie beispielsweise die Burgruine Olbrück im oberen Brohltal. Weithin sichtbar ragt der 34 Meter hohe Bergfried auf einem 460 Meter hohen Phonolithkegel über das Zissener Land. Lange Zeit wurde die mächtige Burgruine nicht beachtet, fand kein Interesse mehr, abgesehen von Vandalen und Kunsträubern. Diese nahmen billigend in Kauf, ganze Mauern zum Einsturz zu bringen, um Schießscharten, Kragsteine oder Fensterfassungen zu entwenden.

Zum Glück wurde durch private Initiative rechtzeitig die »Reißleine« gezogen und die Burgruine unter Denkmalschutz gestellt. Da sich der Plan des damaligen Eigentümers, die Burg in ein Hotel umzubauen, hinauszögerte, verstrich wieder wertvolle Zeit, die sich für den Bestand des historischen Gemäuers nicht positiv auswirkte. Im Jahr 1990 war die Verbandsgemeinde Brohltal fest entschlossen, die Burgruine zu retten. Seit 2001 vermittelt die Burg als Museum im Herzen des Vulkanparks Brohltal / Laacher See interessante Informationen zu geologischen Themen, ihrem eigenen Werdegang und zum

Ritteratum. Durch ständige menschliche Präsenz haben die illegalen Demontagen ein Ende gefunden. Zudem kann bei auftretenden Schäden am Mauerwerk schnell eingegriffen werden.

Burg Olbrück in ihrer ursprünglichen Ausdehnung aus der Luft gesehen.

Insgesamt können wir bei den in der Eifel vorhandenen 84 Burgen und Burgruinen wirklich von einer Vielfalt unterschiedlichster Wehrbauten sprechen.

Brubbel, Born, Pütz und Sprudel ...

Mutter Erdes Entschädigung für
unruhige Zeiten – die Mineralwässer der Eifel

Für einen Nicht-Eifeler könnte es schwer sein, zumindest mit dreien der im Titel genannten Begriffe etwas anzufangen. Es handelt sich natürlich um regional-typische Bezeichnungen von Mineralwasserquellen in der Eifel, von denen es zahlreiche gibt. Das artesisch, d. h. von selbst zutage tretende Wasser beruht auf den magmatischen Vorkommen in großen Tiefen der Eifelregion. Bei unterschiedlich andauernden Fließbewegungen wird sogenanntes Tiefenwasser mit Mineralien und Spurenelementen aus verschiedenen Gesteinsschichten, Sanden und Lockermaterial angereichert. Je tiefer das Wasser nach unten eindringt, desto höher wird die Temperatur. Es ist erwiesen, dass sich pro 33 Meter Tiefe die Temperatur um 1 ° Celsius erhöht. Bei einer Tiefe von etwa 4 000 Metern trifft es bereits auf einen Magma-Herd. Es beginnt zu sieden, wird zu Wasserdampf. Dieser drängt nach oben. Auch in dieser Phase werden wieder Mineralien aufgenommen. Vom Magma-Herd freigegebenes Kohlensäuregas bewirkt einen zusätzlichen Aufwärtsschub. Dabei kühlt der Wasserdampf wiederum ab. Die vorhandenen Bläschen rücken zusammen, verdichten sich, bis der Dampf wieder zu Wasser schrumpft. Diese Vorgänge können sich beliebig oft wiederholen. Irgendwann sucht sich das Wasser durch Kohlensäuredruck getrieben den einfachsten Weg an die Erdoberfläche. Das sind meistens tektonische Bruchlinien oder andere Schwachstellen der Erdkruste.

Das Wasser ist durch seine Bewegungen zu Mineralwasser geworden, dessen Konzentration durch Analysen nachgewiesen werden kann.

Als erkannt wurde, dass es sich bei Mineralwasser um eine besondere Gabe der Natur handelt, entstanden schon im 19. Jahrhundert Mineralwasserbetriebe. Diese füllten das Wasser zunächst in Tonkrüge, später in Flaschen ab und brachten es in den Handel. Die Nachfrage stieg an, so dass

Mineralwasserflasche Apollinarisbrunnen Ahrweiler, 2. Hälfte des 19. Jahrhunderts.

Tiefbohrungen mit anschließenden Pumpverfahren die Förderkapazitäten steigerten.

Manche frei zutage tretende Quellen hinterlassen ockerfarbene bis rotbraune Spuren in der Abflussrinne. Auch der Geschmack dieses Wassers ist sehr intensiv. Die Färbung beruht auf einem großen Anteil an Eisenoxidhydrat, dessen Genuss allerdings unschädlich ist.

Mineralwasser darf nur nach strengen gesetzlichen Richtlinien »behandelt« werden, um es zu verbessern. Dabei dürfen keine chemischen Eingriffe erfolgen. Lediglich das Abtrennen bestimmter natürlicher Inhaltsstoffe ist statthaft. Dazu zählen Eisen, Schwefel und Mangan. Das sogenannte Ausschlagen von natürlich vorkommender Kohlensäure und deren spätere Wiederzugabe sind erlaubt. Die Reduzierung von Mineralienanteilen, wenn diese ein erlaubtes Maß überschreiten, ist unzulässig.

Das Kohlensäuregas ist geruchlos, schwerer als Luft und nicht ungefährlich, wenn Lebewesen es einatmen. So gaben verendete Kleintiere wie Hasen, Igel und Mäuse Rätsel auf, als sie auf Wiesen oder Äckern körperlich unversehrt verendet aufgefunden wurden. In Erdmulden angesammelt, hatte das Gas den Tieren durch Einatmen den Tod gebracht.

Offenbar war es einem Großvater auch so ergangen, als er eine Flasche Wein für seine Enkel aus seinem Keller holen wollte. Als seine Rückkehr auf sich warten ließ, folgten ihm seine Gäste in den Keller. Sie fanden den Großvater leblos am Boden liegend. Durch den durchlässigen, gestampften Lehmboden eingedrungenes Kohlensäuregas hatte zum Atemstillstand und Tod des alten Mannes geführt.

Kohlensäuregas wird auch industriell genutzt. Im »Wehrer Kessel«, ganz in der Nähe vom Laacher See, wird es aus großen Vorkommen aufgefangen. Genutzt wird es z. B. als Inhalt für Pulverlöscher, weil es dem Brandherd Sauerstoff entzieht.

Auch im Haushalt wird Kohlensäuregas im weitesten Sinne genutzt. Backpulver ist nämlich ein getrocknetes und aufbereitetes Produkt aus diesem Gas. Es dient als Treibmittel, das in Verbindung von Wasser und Wärme das Volumen des Teigs vergrößert.

Hierzu noch eine kleine Episode zur Verdeutlichung der Wirkung: Früher wurde in der Eifel in jedem Haus der Teig angerührt, geknetet und vorbereitet, bevor er zum ortseigenen Backhaus, dem Backes, gebracht wurde, um das Werk dort zu vollenden. Zur Herstellung des Teiges wurde selbstverständlich frisches Quellwasser oder das saubere Wasser aus den Dorfbrunnen genommen. Dabei fiel auf, dass bei manchen Anwendern das Backergebnis voluminöser, lockerer und schmackhafter war, bei anderen im Vergleich hingegen klein, dicht und äußerst dürftig. Des Rätsels Lösung war das Wasser, das aus zwei unterschiedlichen Entnahmestellen stammte. Der Teig, der das bessere Ergebnis brachte, war mit kohlensäurehaltigem Wasser angerührt und veranlasste diesen zum Auftreiben. Schnell war der Name »Backborn« für diesen Brunnen gefunden.

Der Brubbel bei Wallenborn (Vulkaneifel)

Wie es der Name schon erahnen lässt, brubbelt es hier, wie der Volksmund es ausdrückt, und zwar fast genau vorhersagbar alle 35 Minuten.

Wir haben hier einen sogenannten Kaltwassergeysir, der seit Menschengedenken »funktioniert«. Lange Zeit stellte er sich aber lediglich als kleine, periodisch aufwallende Mofette dar. Im Jahr 1975 wurde diese gefasst und mit einem Brunnenschacht versehen. Dadurch tritt das Wasser nur noch in brubbelnder Weise zutage. Nach oben strebende Kohlensäure drückt es mit seiner immensen Kraft aus der Tiefe an die Erdoberfläche. Nach etwa 15 Minuten geht ihm allerdings regelmäßig die »Puste« aus und es fällt in sich zusammen. Sogleich wird aber wieder unterirdischer Druck aufgebaut, bis es zu der nächsten Eruption kommt, die im Vergleich zu den anderen immer unterschiedlich ausfallen kann. Das Kohlendioxid enthält hier beim »Brubbeln« zusätzlich Schwefelwasserstoff, so dass sich ein Geruch von faulen Eiern verbreitet.

Der Brubbel von Wallenborn in Aktion.

Nach dem Wein kam das Wasser

Nun eine kuriose Begebenheit aus dem Ahrtal: Der Wein war längst hier heimisch geworden, als sich der Weinbergsbesitzer Kreuzberg um zahlreiche Weinstöcke sorgte, die ohne ersichtlichen Grund verkümmerten. Auch an gleicher Stelle neu gesetzten Stecklingen erging es ebenso. Da Kreuzberg weitere Verluste vermeiden wollte, ging er der Sache auf den Grund. Nachdem Ungeziefer als Ursache ausgeschlossen werden konnte, bestätigte eine geologische Untersuchung heftige Kohlensäureaustritte, die die Stecklinge in Mitleidenschaft zogen.

Nach Bohrungen an dieser Stelle konnte im Jahr 1852 eine ergiebige Mineralquelle erschlossen werden, die Kreuzberg nun wirtschaftlich nutzte. Der geschäftliche Erfolg spornte ihn an, so dass er in der Umgebung nach weiteren Mineralwasservorkommen suchte. Im Jahr 1857 gelang es, zwei dicht beieinanderliegende warme Quellen in einer Tiefe bis zu 30 Metern zusammenzufassen. Die Grundlage für das Kurbad Neuenahr, das am 28. Juli 1858 eröffnet werden konnte, war geschaffen.

Thermalbadehaus in Bad Neuenahr.

Kein Mineralwasser gleicht dem anderen

So, wie menschliche Fingerabdrücke unverwechselbar sind, gleicht auch kein Mineralwasser in der Eifel einem anderen. Wie das zustande kommt, haben wir bereits an anderer Stelle dieses Buches erfahren.

Manche Wasser dienen nicht nur dazu, den Durst zu löschen, sondern werden auch aufgrund ihrer Zusammensetzung als Heilmittel angewandt. Die Römer hatten sozusagen wieder einmal ein Näschen dafür, dass sich die Glaubersalztherme von Bad Bertrich mit 32,9 ° Celsius hervorragend zur heilenden Anwendung eignete. Zur kontrollierten Wasserführung und gezielten Verwendung fassten sie die Quelle in 25 Metern Tiefe und errichteten darüber ein geräumiges Badehaus, mit einem größeren und zwei kleineren Schwimmbecken. Ziegelverkleidungen und bemalter Wandputz verschönerten das optische Bild mehrerer kleinerer Einzelzellen und Umkleideräume. Diese Entdeckung wurde im Jahr 1881 gemacht. Weitere Fundstücke, wie Säulen und Kapitellreste aus Marmor und Sandstein, lassen vermuten, dass das römische Bertrich prunkvoller ausgestattet war als Wiesbaden, Baden-Baden und Bad Ems.

Der weit gereiste Alexander von Humboldt hatte die Bertricher Glaubersalzquelle, die einzige in Deutschland, mit Karlsbad verglichen und den Begriff geprägt:»Bad Bertrich, das milde Karlsbad!«

Im Laufe der Jahrhunderte musste das gewachsene und aufgeblühte Bad diverse Rückschläge hinnehmen. Nach dem Zweiten Weltkrieg war es nicht mehr wiederzuerkennen. Die Verantwortlichen überlegten, ob ein Wiederaufbau überhaupt noch sinnvoll sei. Trotz fehlender Geldmittel machten sie weiter. Allein schon die Lage in dem kleinen, ruhigen Seitental der Mosel versprach beste Voraussetzungen für Kuren. In den 1980er Jahren wurde der Durchgangsverkehr auf eine Umgehungsstraße verbannt.

Ein Vorbild selbst für Wolkenkratzer

Monreal und die Faszination
des Eifeler Fachwerkbaus

Wer in den kleinen Ort Monreal in der Nähe von Mayen kommt, den empfängt das Gefühl, in eine frühere Zeit zurückversetzt zu werden. Vor uns öffnet sich ein imposantes, architektonisch beispielhaftes Bilderbuch des Fachwerkbaus. Liebevoll restaurierte, gepflegte und wirklich sehenswerte Fachwerkhäuser mit ihren zum Teil vorkragenden Obergeschossen weisen auf den einstigen Wohlstand dieses Ortes hin. Der Tuchhandel brachte bis in das 18. Jahrhundert Wohlstand und Ansehen. Allerdings wurde in der zweiten Hälfte des 19. Jahrhunderts wegen der verbesserten technischen Möglichkeiten die internationale Konkurrenz zu stark. Die einst lukrativen Aufträge nahmen ab, bis sie schließlich ganz ausblieben und die fleißigen Menschen in die Armut trieben.

In den 1930er Jahren verbesserte sich die Situation von Monreal langsam wieder. Es war nicht etwa eine Renaissance der Textilproduktion, sondern die Struktur des Ortes mit den malerischen Fachwerkensembles, den Einzelfachwerkhäusern in ihren kunstvoll gestalteten Fassaden und Giebeln. Auch die enge, schon lieblich wirkende Infrastruktur zeigte ein besonderes Ambiente.

Über drei steinerne Bogenbrücken lässt sich der Elzbach überqueren. Natürlich darf auf einem dieser Überwege der Brückenheilige Nepomuk nicht fehlen. Das ehrwürdige Alter von Monreal, 1229 erstmals erwähnt, zeigt sich in jedem Winkel.

Es gibt nur wenige Orte, die gleich von zwei Burgen überragt werden. Darin spiegelt sich die einstige hohe Bedeutung von Monreal wider. Von der Philippsburg stehen noch der Bergfried und einige Mauerreste. Die Löwenburg, auch eine Ruine, ist aber deshalb keineswegs weniger interessant. Der Vergleich mit der Landschaft einer Modelleisenbahn

▶ *Ruhig schlängelt sich der Elzbach durch das enge Tal bei Monreal.*

liegt nahe. Denn unter den beiden Burgen verläuft in einem Tunnel der Schienenstrang von Gerolstein nach Kaisersesch. Die sogenannte Eifelquerbahn wurde sogar bis 2012 auch noch mit Dampflokomotiven betrieben.

Monreal mit seinen knapp achthundert Einwohnern hat in den vergangenen Jahren bundesweit einen hohen Bekanntheitsgrad erlangt. Es verbindet neben der einzigartigen, bewundernswerten Kulisse zusätzlich die Handlung von Kriminalepisoden unter dem Titel *Der Bulle und das Landei*, in der Hauptrolle mit Uwe Ochsenknecht. Seitdem Monreal als Drehort dieser Filme genutzt wird, ist die Besucherzahl erheblich gestiegen. Viele wollen persönlich das vor Ort in Augenschein nehmen, was sie im Fernsehen gesehen haben.

Was ist nun eigentlich unter Fachwerkbau zu verstehen? Es handelt sich bei dieser Bautechnik um einen sogenannten Skelettbau, der aus Holzbalken, die in der Handwerkskunst der Zimmermänner miteinander in verschiedenen Ebenen verzapft werden. Dabei sollen Metallnägel oder Schrauben überhaupt nicht verwandt werden, sondern nur dem Grundmaterial entsprechend Holzstifte. Das tragende hölzerne Außenskelett erweist sich als extrem stabil und in höchster Weise belastbar und flexibel.

Im nächsten Arbeitsschritt werden die Zwischenräume, auch Gefache genannt, mit einem Flechtwerk aus formbaren dünneren Ästen, meistens Weidenruten, ausgekleidet und fest mit dem Rahmen verbunden.

Danach ist die Wand noch nicht vollendet und verschlossen. Erst durch eine Lehmmasse, mit der das Geflecht regelrecht in Balkenstärke dicht ausgefüllt wird, entsteht die Gefachfüllung. Durch das Beimengen von zerkleinertem Stroh erhält diese Füllmasse eine zusätzliche »interne« natürliche Verbindung, die sogar wetterbedingte Feuchtigkeitsschwankungen regulieren kann. Das führt auch zu einem angenehmen atmungsaktiven und gesunden Raumklima.

Der letzte Arbeitsgang dient der optischen Gestaltung des Gebäudes, sowohl innen als auch außen. Dabei werden die Lehmflächen mit einem Kalkgemisch verputzt und anschließend meistens weiß getüncht. Die Balken erhalten nach Geschmack des Hausherrn meistens einen schwarzen oder dunkelroten Anstrich. Dieser dient zur Konservierung des Holzes gegen Witterungseinflüsse. Das alles tragende Holzgerüst soll über lange Zeiten unversehrt und stabil bleiben. Das ist auch gelungen, wenn wir heute auf Jahrhunderte alte Gebäude dieser Art blicken.

Häufig wurden bei strategisch unbedeutenden Bauteilen von Burgen die oberen Stockwerke auch in der Fachwerkbauweise errichtet, weil weniger Gewicht auf dem darunter liegenden Mauerwerk lag. Ein gutes Beispiel zeigt uns der Innenhof vom Schloss Bürresheim bei Mayen.

Fachwerkkunst nicht nur auf dem Land

Fachwerkhäuser wurden auch in größeren Städten errichtet. Betrachten wir Monschau in der Nordeifel, wird uns die Anzahl und die Größe der Fachwerkhäuser dort überraschen. Bis zu fünf Stockwerke erheben sich die Balkenwerke mit ihren Gefachen und Verstrebungen. Ein nicht zu enden scheinendes Ensemble von Fachwerkbauten erstreckt sich direkt ne-

Kunstvolles Fachwerk am Windeckhaus in Bad Münstereifel.

Auch Monschau hat einiges an Fachwerk-kunst zu bieten.

ben der wilden Rur. Wir sehen sogar über diesen quirligen Wasserlauf hinausragende Erker in gleicher Baukonstruktion. Diese und andere herausragende Zierelemente spiegeln den Wunsch nach gesteigertem Wohnkomfort und repräsentativer Wohnform wider, wie sie einst von den wohlhabenden Eigentümern in der Blütezeit der Tuchmacherzunft gewünscht wurden. Bau- und besondere Ausstattungswünsche konnten dank der Zimmermannsfähigkeiten und der vorhandenen finanziellen Mittel der Auftraggeber hier verwirklicht werden. Der einstige Wohlstand der Monschauer beruhte ab dem 17. Jahrhundert auf der Textilproduktion. Die besondere Lage Monschaus brachte beste Voraussetzungen. Die Rur trieb Mühlen an, spendete Wasser zum Waschen und Färben. Das nahegelegene Venn lieferte Torf als Brennmaterial. Auch hier, wie in Monreal, war es die Industrialisierung des 19. Jahrhunderts, die Arbeit und Wohlstand verblassen ließen.

Optische Aufwertung durch Schnitzereien und Farbe

Suchen wir nun einmal Bad Münstereifel auf, ein kleines malerisches Städtchen an der Erft im Kreis Euskirchen. Etwas weitläufiger als Monschau, sozusagen »groß«-städtischer, erscheint die innerörtliche Infrastruktur in diesem Ort. Alles ist hier weitläufiger, was auf die Geländelage zurückzuführen ist. Die Straßen sind breiter, an denen sich auch zahlreiche Fachwerkhäuser anreihen. Hier hat man sich selbstverständlich auch an die technisch-architektonische und zimmermannsgerechte Bauweise gehalten. Allerdings zeigen Verzierungen, Schnitzereien und zusätzliche farbliche Ergänzungen an den Fassaden einen deutlichen Gegensatz zu der schlichten und zweckmäßigen Bauausführung in den ländlichen Regionen der Eifel. Das beste Beispiel für ein reich verziertes Fachwerkhaus ist hier das »Windeckhaus«. Es ist das größte Gebäude eines Ensembles von Fachwerkhäusern, die in den Jahren 1644 bis 1664 errichtet wurden. Ein mächtiger Balken zeigt reichhaltig koloriertes Schnitzwerk. Zudem fällt an der Fassade auf, dass zwei Stockwerke nach vorn hervortreten und somit die unteren überragen. Diese Form wird als Hängestubenerker bezeichnet.

Werfen wir nun unseren Blick nach Bad Neuenahr, auf den in seiner Ursprünglichkeit erhaltenen Ortsteil Ahrweiler mit seiner malerischen Altstadt. Diese wird von einer Stadtmauer umgeben. Durch

Windeckhaus in Bad Münstereifel.

die vier Stadttore kann das Herz des Mittelalterflair vermittelnden Städtchens betreten werden. Unter den zahlreichen gepflegten und sogar mit Entstehungsjahr versehenen Fachwerkhäusern sticht eines besonders heraus. Es stammt aus dem Jahr 1621. Ein überragender Fachwerkerker in der ersten Etage wird durch drei Balken diagonal gestützt. Diese weisen kunstvolle Schnitzereien menschlicher Gestalten auf, die koloriert sind, ähnlich wie Galionsfiguren. Auch hier hat es der Bauherr nicht versäumt, die Jahreszahl der Errichtung dieses Hauses in einen gut sichtbaren Balken einschnitzen zu lassen.

Nicht unerwähnt bleiben sollte die Tatsache, dass sich die Holzskelettbauweise über viele Jahrhunderte bewährt hat. Diese Erfahrungen führten wohl auch dazu, dass heute die moderne Architektur davon profitieren kann, allerdings nicht mehr mit den früher genutzten Materialien. Stahl und Steine dienen heute als Baumaterial. Das Empire State Building in New York besteht aus miteinander verschraubten und verstrebten Stahlträgern. Auch die Tower Bridge in London ist ein Fachwerkbau – aus Stahl und Stein natürlich. Im Innern wird eine schmucklose, aber zweckmäßige Bauausführung mit Stahlstreben sichtbar, während außen eine durchgehende steinerne Verblendfassade zur abschließenden weltweit bekannten Optik beiträgt.

Dennoch bleibt die Eifeler Fachwerkbaukunst einzigartig. In unzähligen Dörfern und Städtchen bilden diese Gebäude nicht mehr wegzudenkende Straßenzüge. Das Engagement derer, die die Pflege und Instandhaltung betreiben, ist hoch zu loben. Die Pflege ist natürlich aufwendiger als bei einem herkömmlich errichteten Bruchstein- oder Klinkerhaus. »Man muss ständig hinterher sein!«, sagte mir einmal der stolze Eigentümer eines prächtig gepflegten Fachwerkhauses in der Eifel. »Wenn ich an der einen Seite fertig bin, beginne ich an der anderen von neuem mit Erhaltungsmaßnahmen.« Abschließend gestand er, dass es für ihn eine schöne Anerkennung und Lohn für seine Bemühungen bedeute, wenn Menschen vor seinem schmucken Haus verweilen, es kopfnickend betrachten und ihm manchmal wortlos beim Weitergehen ein positives Handzeichen deuten.

Mord und Totschlag auf Papier

Hillesheim, die »Krimihauptstadt« Deutschlands

Die lange Zeit von Reinhard Mey verbreitete Theorie »Der Mörder ist immer der Gärtner« ist heute nicht mehr zeitgemäß. Lange schon hat man dieses Lied nicht mehr gehört. Was blieb, ist die kurze Antwort: »der Gärtner«, wenn jemand, ganz gleich in welcher Situation, fragte: »Wer war es?«

Wir begeben uns heute in die sogenannte Krimihauptstadt Deutschlands, nach Hillesheim im Landkreis Vulkaneifel. Es ist ein altes Städtchen, das um 1300 als wichtiger Marktort mit einer Stadtmauer befestigt wurde. Sehenswert und beschaulich ist durchaus der historische Stadtkern mit der alten Kirche. Außerhalb zwischen grünen Wiesen und dunklen Wäldern locken Wanderwege zum Entspannen.

Viele Besucher zieht es aber auch aus einem ganz bestimmten Grund hierher: Es ist das Verbrechen, ja, so schockierend es auch klingt. Aber nicht etwa Taschendiebstahl oder ländlicher Hühnerklau stehen hier im Vordergrund! Viel zu langweilig! Die dicken Brocken müssen es sein. Kapitalverbrechen, blutrünstig, brutal, steigerungsfähig.

Es sind die Liebhaber und Leser von Kriminalromanen, die es nach Hillesheim treibt. Sie suchen das Geheimnisvolle, das Ungewisse und Undurchsichtige, das dieses Thema so spannend macht und hier in Hillesheim eine besondere Heimat gefunden hat. Hier taucht man ein in den Mittelpunkt von kriminellen Ereignissen.

Bei Außenstehenden muss es ein ungutes Gefühl wecken, wenn hier diese schrecklichen Verbrechen geschehen. Wer will denn dann noch überhaupt hier leben? Kann es nicht jeden treffen? Unverhofft, zur hellen Tageszeit, in tiefdunkler Nacht, im Nebel, sogar in den eigenen vier Wänden? Ja, in der Tat, es kann wirklich!

Aber jetzt zur Beruhigung: Hillesheim ist nicht Chicago! Alles, was hier passiert, sind nur Ergebnisse, die in der Fantasie von Menschen erdacht und zu Papier gebracht werden.

Ein Vierteljahrhundert ist es her, als Jacques Berndorf mit seinem ersten Eifelkrimi *Eifel-Blues* den Anfang machte. Danach folgte eine Fülle weiterer Eifelkrimis um seinen Kommissar Siggi Baumeister. Ralf Kramp, Verleger des ortsansässigen KBV Verlages, ergriff die Gunst der Stunde und widmete sich nur noch der Kriminalliteratur, ein Genre, das noch immer Anklang und Beliebtheit findet wie kaum ein anderes. Zahlreiche weitere Autoren mit ihren Kriminalgeschichten fanden nicht nur bei Ralf Kramp ein offenes Ohr, sondern auch eine literarische Heimat in Hillesheim. Die Gattung Eifelkrimi mit dem ganz speziellen Nervenkitzel hatte Fuß gefasst, die Schar der Begeisterten von Mord und Totschlag im heimischen Umfeld wuchs rasant an.

Im Ortskern entstand das Kriminalhaus, ein Gebäude älterer Bauart, fein herausgeputzt, mit Giebeln und Erkern. Seit der Eröffnung 2007 hat es sich zu einem Besuchermagneten entwickelt. Über dem Rundbogeneingang prangt in großen Buchstaben: »Das Kriminalhaus«. Ein Stück weiter starrt das unverwechselbare Konterfei von Sherlock Holmes herab. Im Innern lädt eine Bibliothek mit 30 000 Bänden jeden Krimiliebhaber ein, zu stöbern und zu lesen.

Das Café Sherlock, das älteste dieser Art in Deutschland, ist darauf ausgerichtet, den interessierten Besucher tiefer in die Kriminalwelt zu führen. Im eindrucksvollen Ambiente der antiken Einrichtung zwischen Mordwaffen, Kerzenleuchtern und anderen, zum »täglichen Mordgeschäft« gehörenden Utensilien kann der Gast eine »Chocolat Poirot« zu sich nehmen oder in Gedanken an Miss Marple die gleichnamige *teatime* zelebrieren. Auch hier haben die Größen der weltweiten Kriminalliteratur in Form von Bildern, Fotos und Filmplakaten ihren festen Platz. Gegenstände, die eine entscheidende Rolle in Romanen gespielt haben, können zwanglos in Vitrinen betrachtet werden. Wenn man sich dann noch einen Kaffee bestellt aus der Spezialröstung namens »Schwarzer Tod«, wird man feststellen, dass auch hier wiederum nicht vergessen wurde, die Bezeichnung von Speisen und Getränken stilgerecht dem vorgegebenen Milieu anzupassen.

Fast in Sichtweite lässt das Krimihotel jeden Gast schon erahnen, was ihn dort erwarten könnte. Erfahrene Krimileser erinnern sich sogleich an die zahlreichen Hotels, die in Romanen und Filmen Schauplätze für Mord und Totschlag waren.

Das Krimihotel in Hillesheim verfügt über zehn Doppelzimmer, die sich jeweils mit einem »K-Thema« beschäftigen und entsprechend ausgestattet sind. Die Hauptdarsteller oder »Erfinder« der bekanntesten Kriminalromane oder Krimiserien sind allgegenwärtig und lassen den Gast scheinbar nicht aus den Augen. Nachdenklich, kombinierend schmaucht Sherlock Holmes an seiner Pfeife, in dem nach ihm benannten Zimmer. Pausbäckig mit bekannt starrem Blick, als zähle er hinter dem eintretenden Gast schwarze Raben, wird man von Alfred Hitchcock empfangen. Miss Marple auf dem großen Bild über

Das Kriminalhaus in Hillesheim.

173

dem Doppelbett schöpft offenbar mal wieder Verdacht. Derrick hingegen weist mit dem Zeigefinger wahrscheinlich auf Harry, der den Wagen holen soll. Der Reigen der unterschiedlichen themenbezogenen Ausstattungen der Zimmer setzt sich fort. Das Bild mit dem Blick durch einen Pistolenlauf ist eindeutig James Bond zuzuordnen. Selbst das leichtbekleidete Bondgirl neben dem Bett wurde in diesem Zimmer nicht vergessen. Es wurde an alles gedacht, was den Krimifreund erfreuen kann.

Wer in Kriminalromanen Erlerntes einmal selbst in die Tat umsetzen will, kann in Hillesheim einen »Krimi-Tag« buchen. Als Ermittler in einem realistisch dargestellten Kriminalfall tätig werden, das wäre doch was! Die Rollen der Leichen und Zeugen werden dabei von professionellen Schauspielern übernommen, so dass lediglich Neugier, Kombinationsgabe und Sachverstand gefragt sind.

Ein weiterer Höhepunkt im Raum Hillesheim, in dem sich die »Straftaten« häufen, ist der Eifelkrimi-Wanderweg. Dieser führt zu insgesamt elf Schauplätzen aus bekannten Eifel-Kriminalromanen. Eine Begleitbroschüre vermittelt zudem einen spannenden Wandertag für jeden Eifelkrimiliebhaber. Nicht außer Acht lassen sollte er dabei die Landschaft der Vulkaneifel, die als Kulisse der Schandtaten dient und deren authentische Beschreibung sich häufig in den Krimis wiederfindet. Die Handlungen werden dadurch noch anschaulicher.

Auch das noch! Endstation Knast!

Ist denn neben so viel Kriminalität in Hillesheim tatsächlich auch noch Platz für die ausgleichende Gerechtigkeit? Gibt es da ein Amtsgericht und ein Gefängnis? So ähnlich jedenfalls! Vor fast 150 Jahren wurde tatsächlich mit dem Bau des »Königlich Preußischen Amtsgerichts zu Trier« in Hillesheim begonnen. Ungefähr hundert Jahre lang wurde dort Recht gesprochen. Nach der Urteilsverkündung fielen in dem gleichen Gebäude, nur besonders gesichert, die schweren Türen hinter den verurteilten Dieben, Betrügern und Brandstiftern ins Schloss.

▶ *Hillesheim, das Krimihotel.*

Noch bis 1968 regierte hier Justitia, bis sie andere Räume beziehen konnte. Eine neue Nutzung für das verlassene Gebäude wurde auch gefunden. Im gewissen Sinne war dieses ja zuvor auch schon eine Art Hotel. Dieser Charakter wurde beibehalten, nur in anderer Form genutzt. Aus den spartanischen Zellen wurden Gästezimmer und aus dem nüchternen Gerichtssaal entstand ein Restaurant. Der kahle Gefängnishof empfängt heute die Gäste als begrünter Ort der Erholung, »Knast erster Klasse« sozusagen. Hätten es die früheren »Gäste« hier so gut vorgefunden, wären bei diesen die Gedanken an Flucht überhaupt nicht aufgekommen. Die Bezeichnung der Speisen und Getränke wurde dem speziellen Rahmen des Hauses angepasst. Auch die Kleidung hält die Erinnerung wach.

In stilgerechter schwarz-weiß gestreifter Gefängnis-Couture wird bei einem Aufenthalt in diesem Haus kein Unterschied gemacht, wer jemand ist, was er hat oder wann er wieder auf freien Fuß gesetzt wird.

Wenn wir schon mal hier sind ...

Nicht unerwähnt bleiben sollte der unweit von Hillesheim gelegene Ort Kerpen, an dem eine Route des Eifelkrimi-Wanderweges vorbeiführt. Dort hat der bekannte Eifelmaler Fritz von Wille, am 21. April 1860 in Weimar geboren, auf der Burg gelebt und dort seine letzte Ruhe im Jahr 1941 gefunden. Fritz von Wille kam erst im Jahr 1890 zu seiner Entscheidung, die Eifel in künstlerische Form zu bannen. Ihm gelang es in besonderer Art, die Schönheit der Landschaft im Wechsel der Jahreszeiten darzustellen. Das unverkennbare warme Gold des im Sommer blühenden Besenginsters (»Eifelgold«) brachte er ebenso eindrucksvoll auf die Leinwand wie die karge kalte Winterlandschaft. Das Erwachen des Frühjahrs mit den bunten Blumen nach der Winterruhe vermittelte das unaufhaltsame Aufstreben der Natur. Es waren Hunderte von stimmungsvollen Bildern in unvergesslichen, authentischen Farbvariationen, vor-

➥ *So sah Fritz von Wille Reifferscheid – im Sommer wie im Winter (Ölgemälde des Autors dieses Buches).*

Luftbild Burg Kerpen.

gegeben durch Landschaft und Natur, mit denen Fritz von Wille seiner Eifellandschaft ein Denkmal setzte. Er wurde zu einem der bedeutendsten Eifelmaler, den seine Kunst unsterblich machte.

Die Burg Kerpen ist in Privatbesitz und nicht zu besichtigen, allerdings öffnet sich vom zugänglichen Burghof ein interessanter Blick auf das kleine gleichnamige Eifeldorf.

178

»Heiße« Ware aus der Eifel

Glockenklang aus Brockscheid

Zugegeben, diese Überschrift erscheint im ersten Moment schon etwas dubios und in eine bestimmte Richtung weisend. Krimiliebhaber hoffen vielleicht auf Spannung.

Der Begriff »heiße Ware« ist aus Kriminalromanen und einschlägigen Fernsehfilmen in unseren Wortschatz eingegangen. An dieser Stelle erzeugt er bestimmt Neugier, den vorliegenden Text weiterzulesen. So soll es auch sein!

In Wirklichkeit geht es hier tatsächlich um einen anderen Hintergrund von heißer Ware, im Urzustand glühend, sogar flüssig. Nur, wie ist damit umzugehen? Niemand muss Brandblasen oder Schmerzen befürchten, denn wenn das fertige Produkt dem Auftraggeber ausgeliefert wird, ist es längst erkaltet.

Wir befinden uns in Brockscheid, in der Verbandsgemeinde Daun. Berühmt wurde der knapp zweihundert Einwohner zählende Ort über die Grenzen der Eifel hinaus durch den Glockenguss. Dabei handelt es sich nicht nur um ein sehr altes Handwerk, sondern auch um eine besondere künstlerische Herausforderung und Leistung.

Früher waren die Glockengießer mit ihren Kenntnissen und Fähigkeiten nicht sesshaft, sondern auf Wanderschaft, um ihre Dienste in ihrem Handwerk anzubieten. Es waren nicht nur Kirchenglocken, die den christlichen Frieden verkünden sollten. Auch der Kanonenguss gehörte zu ihrem Tätigkeitsgebiet. Beide Produkte wurden vor Ort gegossen, wo sie gerade gebraucht wurden.

Im Jahr 1840 entschloss sich allerdings ein Glockengießer, dessen Familientradition bis in das Jahr 1620 zurückreichte, in Brockscheid mit einer eigenen Glockengießerei ansässig zu werden. Dieser Betrieb wird heute in der fünften Generation erfolgreich geführt. Wenn von diesem Zeitpunkt an bei einer Kirchengemeinde eine neue Glocke erforderlich wurde, mussten die Auftraggeber den Glockengießer an seinem Schaffensort damit beauftragen.

Die Vorbereitungen und schließlich das Gießen einer Glocke selbst haben sich seit Jahrhunderten handwerklich kaum verändert. Zahlreiche, aufwendige und sorgfältige Arbeitsgänge sind unerlässlich. Diese haben sich bewährt und immer ein gutes Ergebnis hervorgebracht.

Aber so einfach, wie es die Schüler in vergangenen Zeiten in Anlehnung an Schillers Ballade »Die Glocke« kurz und knapp interpretierten und manchen Lehrer damit zur Weißglut brachten: »Loch in die Erde, Bronce drinn, fertig ist die Glocke. Bimm, bimm, bimm«, ist die Herstellung mit exakter handwerklicher Fähigkeit und Erfahrung keinesfalls.

Bevor eine Glocke gegossen werden kann, muss dafür zuvor eine entsprechende Form geschaffen werden. Diese nimmt das flüssige Metall auf und gibt im erkalteten Zustand das gewünschte Produkt frei. Allein zur Vorbereitung und exakten Herstellung der Gussform für eine Glocke sind umfangreiche handwerkliche Arbeitsgänge erforderlich, die schon eine ge-

Eine heiße Angelegenheit – der Glockenguss.

raume Zeit in Anspruch nehmen. Sechs bis acht Wochen werden dafür einkalkuliert. Ziegelsteine und Lehm sind die Grundmaterialien. Zunächst wird aus der Glockenrippe, einem Buchenbrett, von dem Glockengießer das Profil der späteren Glocke berechnet und aufgezeichnet. Eine ganz hohe Herausforderung stellt eben diese Berechnung dar. Diese ist nämlich ausschlaggebend für die Größe, das Gewicht und somit für den späteren Klang des fertigen Produkts. Dabei sind die Wünsche des Auftraggebers zu berücksichtigen und einzubringen.

Im nächsten Schritt wird Lehm mit Pferdemist und Rinderhaaren so vermischt, dass eine homogene Masse entsteht, mit der eine Form angelegt werden kann.

Nach den umfangreichen, mit größter Sorgfalt und Exaktheit durchgeführten vorbereitenden Arbeiten kommt schließlich der Höhepunkt, sozusagen die Krönung: der Guss der Glocke. Nach einem bestimmten traditionellen Ritual, das mit dem Spruch be-

Es ist vollbracht: die fertigen Glocken.

ginnt: »In Gottes Namen – lasst es rinnen!«, erfolgt das bedächtige Einfüllen der 1100° Celsius heißen Bronze, auch »Glockenspeise« genannt. Dafür stehen entsprechende Kanäle und Öffnungen in der Grundform zur Verfügung.

Da die Vorarbeiten, zu denen auch das Entwerfen, Fertigen und Einbringen von Zierelementen gehören, so viel Zeit in Anspruch nehmen, können nur vier bis fünf Glockengüsse im Jahr erfolgen.

Bei derartigen historisch wichtigen und einmaligen Ereignissen lassen sich die Auftraggeber die »Geburt« für die später nur einmal existierende Glocke für ihre Kirche nicht entgehen. Zahlreiche Personen finden sich extra zu diesem Ereignis in Brockscheid ein. Sie wollen dem im wahrsten Sinne des Wortes »heißen Ereignis« beiwohnen.

Die Abkühlzeit einer fertig gegossenen Glocke dauert ca. zehn Tage.

Irgendwie passt es doch auch zum Bild und Charakter der Eifel. Die letzten »heißen Ereignisse« aus dem Innern der Erde heraus vor 11 000 Jahren sind längst vorüber, aber in Brockscheid »fließt« es noch immer. Zwar nicht Lava, dafür aber Bronze, um mit Glocken den Ruf zum Gottesdienst in den Kirchen nicht nur in der Eifel, sondern auch darüber hinaus zu verkünden.

Noch ein »heißes« Eisen: Eifeler Takenplatten, einfach einmalig!

Bereits die Kelten bedienten sich der Eisenvorkommen in der Gegend des heutigen Jünkerath und nutzten diese. Danach wurde während der Römerzeit die Eisenerzeugung auf römischen Gutshöfen fortgesetzt. Holzkohle, aus den Bäumen der heimischen Wälder hergestellt, diente zur Schmelze und somit zum Herauslösen des Erzes aus dem Muttergestein, um es danach der endgültigen Nutzung zuzuführen.

Ein besonderes eisernes Produkt aus der Eifel stellen die gusseisernen Takenplatten ab dem späten 15. Jahrhundert dar. Diese Bezeichnung leitet sich aus dem Lateinischen ab

und bedeutet so viel wie »bedecken«. Dieser Begriff entspricht auch der Funktion der Takenplatten. Diese bedeckten nämlich die Rückwand eines offenen Kamins, der meistens in der Küche, im Flur oder im Eingangsbereich eines Hauses angesiedelt war. In eine Maueraussparung der hinteren Feuerwand wurde die meist querrechteckige oder quadratische Gusseisenplatte eingemauert. Das Eisen der Takenplatte wurde durch das offene Kaminfeuer erwärmt und leitete angenehme Temperaturen in den Nebenraum, meistens die Wohnstube. Dadurch konnte dieser Raum ohne eigene Feuerstelle

Gut erhaltene Takenplatte mit biblischem Motiv.

beheizt werden. Dort verdeckte ein sogenannter Takenschrank die Rückseite der schmucklosen Eisenplatte. Allerdings wies er nicht die Tiefe eines herkömmlichen Schranks auf. In einem festen Rahmen in der Wand befanden sich zwei Türen. Dahinter lag lediglich ein Platzangebot in den Maßen der Mauerstärke. Die untere Tür wies senkrechte Schlitze auf, um die Wärme gleichmäßig in den Raum abzugeben. Mehr Wärme wurde nach Öffnen dieser Tür frei. Die obere Tür besaß keine Öffnungen. Dahinter wurden Dinge aufbewahrt, die im Winter vor Feuchtigkeit zu schützen waren, wie Salz, Gewürze, getrocknete Früchte, Tees oder Heilkräuter.

Es gab schlichte, einfache und zierlose, den Zweck erfüllende Takenplatten. Aber die größte Anzahl war mit Motiven versehen, meistens religiösen Charakters, wie die Hochzeit zu Kanaan, die wunderbare Brotvermehrung, Kreuzigungs- und Auferstehungsdarstellungen oder Szenen aus biblischen Gleichnissen. Auch florale Motive waren sehr beliebt. Am bekanntesten dürfte dabei die Platte mit dem »Eifeler Blumenstrauß« sein. In herrschaftlichen Häusern wurden dem Stand entsprechend verzierende Familienwappen bevorzugt. Die Größe der Platten richtete sich nach dem Umfang der Kamine. Durch ihre Ausmaße und Stärke konnten dabei schon mehrere 100 Kilo an Gewicht zustande kommen.

Ende des 19. Jahrhunderts büßten diese Takenheizungen, wie man sie damals nannte, ihre Bedeutung ein. Das war die Zeit, als nach und nach eiserne Herde und Öfen in die Häuser Einzug hielten und die nicht unproblematischen und offenen Feuer ablösten. Die Feuerstellen in den Häusern wurden dadurch sicherer.

Takenplatte von der Feuerstelle aus gesehen.

Da es nicht einfach und ziemlich aufwendig war, die ungenutzten Takenplatten aus dem Mauerwerk zu entfernen, beließ man sie dort. Sie störten ja auch nicht und nahmen in ihrer Form keinen Platz in Anspruch. Erst bei Umbau- oder Renovierungsmaßnahmen haben meist spätere Generationen die Gelegenheit wahrgenommen, die »eiserne Vergangenheit« zu entfernen. Zu diesem Zeitpunkt war ihnen noch nicht bewusst, dass diese schweren Eisenteile noch einmal an Bedeutung und Interesse gewinnen sollten. Schnell waren für die Takenplatten neue Aufgabengebiete gefunden. Wieder in enger Anlehnung an den Ursprungsbegriff wurden sie eben zum Bedecken genutzt. Da waren z. B. Güllegruben, die gesichert werden mussten. Über diese verfügte jedes Haus auf dem Land, weil es die Kanalisation noch nicht gab. Auch für andere Zugänge, die nicht von jedermann sofort ohne Schwierigkeiten geöffnet werden sollten, wie Kellerschächte, boten sich die schweren, ihrer eigentlichen Aufgabe enthobenen Takenplatten an.

Irgendwann allerdings kam der Tag, an dem sich findige Köpfe daran erinnerten, dass es sich bei dem alten rostigen Eisen um Altertümchen handelte, die zweckentfremdet eingesetzt wurden und schließlich noch einen Gewinn bringen könnten. Es war zu der Zeit, in der viele Menschen wieder Gefallen an alten Dingen entdeckten. So gelangten viele Takenplatten in Antiquitätenläden und fanden Käufer, die damit die Wände ihrer Häuser außen oder innen schmückten. Als allerdings die Nachfrage dafür Überhand nahm und die Originalplatten rarer wurden, ließen einige Zeitgenossen in den 1970er Jahren Nachgüsse von den Originalen fertigen. Nur wie sollte man ein derartiges Plagiat, dem man ansah, dass es aus dem neuesten Guss stammte, als alt, gebraucht und wertvoll anbieten? Schweinemist war die Lösung, denn dieser ist so aggressiv und in der Lage, einen Alterungsprozess bei Eisen in kurzer Zeit herbeizuführen. Unzählige neue, »auf alt reduzierte« Takenplatten gelangten in den Handel und wurden von gutgläubigen Käufern als »Antiquität« erworben.

Die echten und somit alten Originale wurden einst nur in den Eisenhütten von Ostbelgien, Lothringen, Luxemburg, des Hunsrücks und natürlich der Eifel gegossen. Sie gelten als regionale Besonderheit und zählen durchaus zur besonderen Volkskunst.

Wo Caracciola und Lauda ihre Runden drehten

Der Nürburgring, die Rennstrecke
im grünen Herzen der Eifel

Für alle Motorsportbegeisterten weltweit ist er ein Begriff: der Nürburgring. Landschaftlich einmalig gelegen, eingebettet zwischen grünen Wäldern und intakter Natur und mitten darin die Nürburg aus dem 12. Jahrhundert. Historisches Gemäuer und moderne Technik stehen hier dicht beieinander.

Die Anfänge dieser Rennstrecke liegen in einer Zeit, in der die technischen Begriffe »CW-Wert« und »Aerodynamik« noch weitgehend unbekannt waren.

Alles begann im Jahr 1904. Ein belgischer Automobilclub veranstaltete vor zahlreichen motorsportbegeisterten Menschen ein Rundstreckenrennen in den Ardennen. Als am 17. Juni des gleichen Jahres, in Bad Homburg v. d. H. das Gordon-Bennet-Rennen ausgetragen wurde, war der Bann für den deutschen Rennsport gebrochen. Kaiser Wilhelm II., der sich oft im Landgrafenschloss in Bad Homburg aufhielt, hatte sich für dieses Rennen im Taunus, mit Start und Ziel an dem römischen Kastell Saalburg, eingesetzt. Obwohl dieses Rennen nicht den erwarteten finanziellen Erfolg brachte, wurde dennoch die steigende Beliebtheit des Motorsports erkannt. Gleichzeitig wurde aber deutlich, dass sich die damaligen deutschen Straßen für derartige Veranstaltungen weniger eigneten. Die Sicherheit von Fahrern und Zuschauern konnte nicht gewährleistet werden. Der Aufwand, der beim Gordon-Bennet-Rennen betrieben wurde, wäre auf Dauer nicht vertretbar gewesen.

Die Verwirklichung einer besonderen Rennstrecke lag nicht nur im Interesse von Friedrich Wilhelm II. Auch die Initiative für die Realisierung ging von ihm aus. Dabei sollten bestimmte Vorgaben erfüllt werden. So sollte die Gegend, in der die Rennstrecke entstehen sollte, nicht zu dicht besiedelt sein.

Steigungen, Gefällstrecken und Kurven sollten eine Herausforderung für Fahrer und Autos darstellen. Dafür schien die Eifel bei Adenau sehr gut geeignet.

Die Planungsarbeiten begannen mit Hochdruck noch im Jahr 1904, bis sie 1907 eingestellt wurden. Das anfänglich hohe Interesse am Motorsport war bei der Bevölkerung nach und nach geschwunden.

Erst nach dem Ersten Weltkrieg war der Blick zuversichtlich in die Zukunft gerichtet. Mit der Zunahme von Automobilfabriken und vermehrter Motorisierung kehrte auch das Interesse am Motorsport zurück. Der ADAC und der AvD erkannten diesen Trend und setzten sich für den Motorsport ein.

Die dann folgenden motorsportlichen Veranstaltungen mussten allerdings wieder auf den öffentlichen Straßen ausgetragen werden. Der Sicherheitsgedanke bekam einen besonderen Stellenwert. Die ursprünglichen Planungen wurden wieder aufgegriffen und unter diesem Aspekt fortge-

Die Nürburg, die der Rennstrecke den Namen gab.

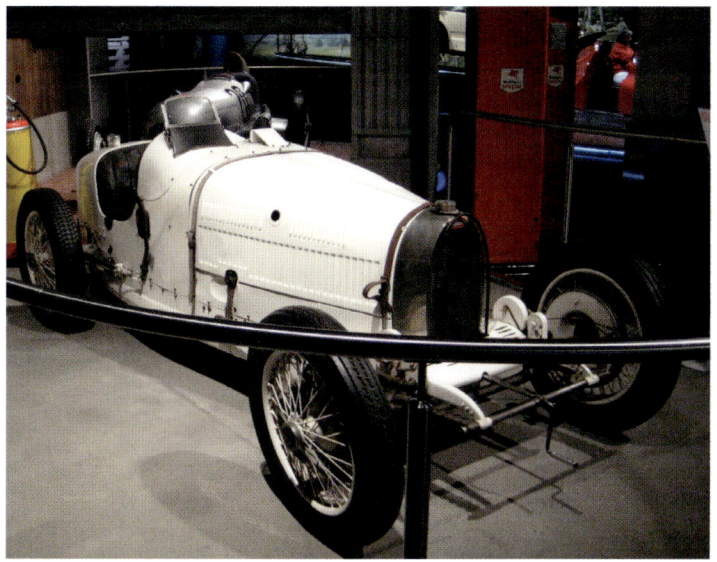

setzt. Die Gegend um Adenau stand wieder im Vordergrund, um diese zu lang vernach- lässigte Region zu fördern. Die lange Abge- schiedenheit sollte ein Ende haben. Menschen von nah und fern sollten angelockt werden. Natürlich sollten sie Geld hier ausgeben, um der Wirtschafts- und Infrastruktur- situation einen merkbaren Aufschwung zu verleihen.

Bugatti T37A aus dem Eröffnungsrennen des Nürburgrings 1927.

Noch vor Baubeginn der Rennstrecke sollte ein weiteres Rennen zeigen, ob das Interesse bei den Motorsportbegeis- terten wirklich so groß wäre und sich die Investition lohnen würde. Die Begeisterung für diese Sportart wurde tatsächlich am 15. Juli 1922 auf einer 22 Kilometer langen Rundstrecke bei Nideggen von 40 000 Besuchern bestätigt. Die weiteren Planungen leitete dann der ADAC, Gau Rheinland.

Entgegen der ursprünglichen Absichten, die Rennstrecke um die Nürburg zu bauen, führte der ADAC aber Verhand- lungen mit der Stadt Münstereifel. Diese war bereit, im Stadt- wald eine größere Fläche zur Verfügung zu stellen. Als eine gesicherte Finanzierung allerdings nicht zustande kam, blick-

te man wieder auf den Bereich um die Nürburg, die Hohe Acht und Adenau.

Eine An- und Verbindung der Rennstrecke zum öffentlichen Straßennetz wurde ausgeschlossen. Allerdings sollte der Charakter von Landstraßen in diesem Streckenverlauf erkennbar sein. Nicht aus den Augen verloren wurde dabei, den geplanten Rundkurs auch als Teststrecke nutzen zu können. Hierfür sollten europäische Straßenformen nachgebaut und dargestellt werden, d. h. Steigungen, Gefälle, Kurven und natürlich Geraden, um auch die End- und Höchstgeschwindigkeiten von neu entwickelten Fahrzeugen ausfahren zu können.

Im April 1925 wurde schließlich der Bau des Nürburgrings unter Beteiligung des Reichsverkehrsministeriums in Berlin beschlossen. Die Wichtigkeit des Ausbaus dieser Strecke wurde immer wieder damit unterstrichen, »den ärmsten Kreis in Preußen« zu unterstützen.

Die Kosten der Rennstrecke wurden anfangs mit 2,5 Millionen Reichsmark kalkuliert. Nach detaillierteren Planungen stieg der Kostenvoranschlag auf 4 Millionen Reichsmark an. Die ersten Arbeiten begannen im Juli 1925.

Da zu dieser Zeit im Adenauer Raum zu wenig Arbeiter zur Verfügung standen, wurden diese aus den Bereichen Koblenz und Köln rekrutiert. Untergebracht wurden sie in eigens für sie errichteten Baracken. Die Anzahl der Beschäftigten betrug maximal 2 500 Personen. Schließlich waren über 150 000 Kubikmeter Erde zu bewegen sowie 185 000 Kubikmeter Gestein und knapp über 11 000 Kubikmeter Beton zu verarbeiten.

Mit der offiziellen Grundsteinlegung am 27. September 1925 sollte die Rennstrecke nach Fertigstellung »Nürburgring« genannt werden, in Anlehnung an die in der Mitte der 20,8 Kilometer langen Strecke thronenden Nürburg.

Die ersten Testfahrten führte der ADAC im August 1926 durch. Die Gesamtkosten hatten sich auf 8,1 Millionen Reichsmark erhöht.

Die klassische Nordschleife mit 28,6 Kilometern Länge gilt als schwierigste Grand-Prix-Strecke der Welt. Jackie Stuart prägte

◀ *Der Nürburgring von oben.*

191

daher den heute noch gebräuchlichen Begriff »Grüne Hölle«. Streckenweise beträgt der Höhenunterschied 300 Meter.

Im Jahr 1927 gewann Rudolf Caracciola das erste Autorennen auf dem Nürburgring. Er bewertete diese Strecke als »bärig schwer«. Die mit »Karussell« bezeichnete berühmte Kurve auf der Nordschleife wurde aus Anlass seines hundertsten Geburtstags nach ihm umbenannt.

Caracciola stammte aus Remagen und war Sohn eines dort ansässigen Hoteliers und Weingroßhändlers. Zu Ehren des großen Rennfahrers (Mercedes) wurde ihm in seiner Heimatstadt ein Denkmal errichtet.

Die Saison 1976 hatte für Niki Lauda auf Ferrari recht erfolgreich begonnen. Während des Rennens »Großer Preis von Deutschland« am 1. August 1976 regnete es im gesamten Bereich der Rennstrecke. Nach dem Überholen einiger Konkurrenten verunglückte Lauda vor dem Streckenbereich »Bergwerk« mit seinem Wagen, der in Flammen aufging. Die Rettung des Schwerverletzten gestaltete sich schwierig und dauerte lange an. Lauda zog sich durch ausgelaufenen Treibstoff schwere Verbrennungen zu. Einer der Gründe, die Nordschleife nicht mehr für Formel-1-Rennen zu nutzen, waren die langen, zeitraubenden Wege der Rettungsfahrzeuge im Einsatzfall.

In den Jahren 1984 und 1985 wurden die letzten beiden Rennen der Formel 1 auf dem Nürburgring ausgetragen. Dennoch bleibt die Strecke nicht ungenutzt. Abends und an Wochenenden kann sich jeder, der sich dazu berufen fühlt, gegen eine Gebühr als Rennfahrer mit dem eigenen Fahrzeug versuchen. Auch Langstreckenrennen, 24-Stunden-Rennen, Sportfahrerlehrgänge und Weltmeisterschaften im Straßenradrennsport werden dort durchgeführt. Oldtimertreffen und Oldtimer-Grand-Prix gelten jedes Jahr im August als Zuschauermagnete.

Große Kultur auf Eifeler Bühnen

Die Burgfestspiele in Mayen

»Panem et circenses« riefen die alten Römer; Brot zum Leben und Spiele zur Unterhaltung waren ihnen wichtig.

Aber auch anderenorts war man bestrebt, der Bevölkerung Abwechslung im Alltag zu bescheren. Was eignete sich besser, als eine alte und zudem »ortsansässige« Sage mit der dazugehörigen Kulisse, der Genovevaburg mitten in dem malerischen Eifelstädtchen Mayen.

Im Jahr 1935 wurden hier erstmals die Genoveva-Festspiele inszeniert. Da diese Sage am Anfang der später in Mayener Burgfestspiele umbenannten Aufführungen stand, lohnt es sich durchaus, diese Handlung als Grundlage der ersten Darbietung kennenzulernen:

Einst thronte eine mächtige Burganlage auf dem erloschenen Vulkan Hochsimmer bei Mayen. Dort lebten Pfalzgraf Siegfried und seine Gemahlin Genoveva einträchtig und in Güte gegenüber jedermann, so dass sich ihre Untertanen an ihrer Herrschaft erfreuen konnten. Eines Tages wurde auch Siegfried in das Heer von Karl Martell berufen, um ins Heilige Land zu ziehen. Siegfried trug seinem Burgvogt Golo auf, sich während seiner Abwesenheit schützend um seine Gemahlin, seine Burg und Besitztümer zu kümmern.

Nach einem schweren Abschied zog Siegfried in die Fremde. Ihm war sein großer Fehler nicht bewusst, seine Frau und seinen Besitz dem vermeintlich treu ergebenen Golo anvertraut zu haben. Denn dieser war hinterhältig, grausam und falsch.

Bald schon versuchte dieser, Genoveva zu verführen. Sie aber blieb standhaft und dachte an das Versprechen, das sie ihrem Gemahl gegeben hatte. Golo hingegen fand sein Handeln berechtigt, zumal die Rückkehr seiner Herrschaft noch lange nicht zu erwarten war. Genovevas ständige Abweisungen schürten in Golo unbändigen Zorn und er sann auf Rache.

Nach Jahren kehrte Siegfried unversehrt in seine Eifel-
heimat zurück. Für Golo war der Moment der Vergeltung ge-
kommen. Scheinheilig berichtete er seinem Herrn über die
angebliche Untreue von Genoveva. Das Schicksal beschied,
dass Siegfried mehr den Lügen seines Dieners glaubte als an
die Treue seiner Gemahlin. Er befahl, diese zu töten.

Eines frühen Morgens führten zwei Knechte die Pfalzgrä-
fin mit ihrem kleinen Sohn, der während Siegfrieds Abwesen-
heit zur Welt gekommen war, zur Richtstätte im Wald. An der
Nettebrücke blieb Genoveva stehen, zog ihren Ring vom Fin-
ger, warf diesen in die Fluten und sprach: »Ich gebe meinem
Herrn den Treueschwur zurück, damit seine Schuld gemindert
werde.« Diese Worte berührten die beiden Knechte, so dass
sie es nicht übers Herz brachten, den Befehl ihres Herrn aus-
zuführen. Sie versteckten Genoveva mit dem Kind in einer
Höhle, in der beide vor Wind und Wetter geschützt waren. Ih-
rem Herrn bestätigten sie, ihren Auftrag erfüllt zu haben.

Sieben Jahre verbrachte Genoveva mit ihrem Sohn in den
Wäldern. Die Früchte der Natur nährten sie, eine zutraulich
gewordene Hirschkuh spendete Milch für den Jungen.

Währenddessen konnte Siegfried seine Entscheidung
nicht vergessen. Er fühlte sich zudem immer einsamer und
erkannte, voreilig seine Frau in den Tod getrieben zu haben.
Seine Sorgen machten ihn immer schwermütiger.

Eines Tages brachte ein Fischer einen Hecht auf die Burg.
Bei der Zubereitung entdeckte der Koch einen goldenen Ring,
den Siegfried als den seiner Frau erkannte. Fortan verstärk-
ten sich Siegfrieds Schuldgefühle. Er wurde nachdenklicher,
zog sich mehr und mehr zurück und nahm am täglichen Le-
ben nicht mehr teil.

Sein Vertrauter wollte Abhilfe schaffen und bereitete eine
Jagd vor, um seinem Herrn Ablenkung zu verschaffen. Sieg-
fried verfolgte eine mächtige Hirschkuh. Plötzlich war diese
vom Erdboden verschwunden. Er hielt inne und entdeckte
hinter dichten Sträuchern einen Felseneingang, stieg vom
Pferd und betrat eine dunkle Höhle. Nach wenigen Schritten
stand plötzlich Genoveva mit ihrem Sohn vor ihm. Siegfried
erkannte, dass das Kind ihm zum Verwechseln ähnlich sah.
In diesem Moment wurde ihm bewusst, dass er bösen Lügen

geglaubt hatte. Er bat seine Gemahlin um Verzeihung und wünschte, dass sie gemeinsam auf die Burg zurückkehrten.

Altar mit der Darstellung der Genovevalegende in der Kapelle Fraukirch.

Genoveva aber konnte ihre Enttäuschung nicht überwinden. Sie folgte dem Wunsch ihres Mannes nicht und zog es vor, dort zu bleiben, wo ihr die Heilige Mutter beigestanden, sie vor wilden Tieren beschützt und sie selbst ihren Sohn großgezogen hatte.

Siegfried kehrte schweren Herzens allein zurück und ließ Golo in den tiefsten Kerker der Genovevaburg einsperren.

Schon bald starb die noch junge Genoveva. Dort, wo Siegfried ihr das letzte Mal begegnet war, fand sie ihre letzte Ruhestätte. Die später von ihm errichtete Kapelle Fraukirch, heute Wallfahrtsstätte, erinnert noch heute an das Schicksal in Gedenken an die hl. Genoveva von Brabant.

Details der Darstellung der Genovevalegende am Altar in der Kapelle Fraukirch.

Diese traurigen Ereignisse wurden in einem mahnenden Theaterstück aufgearbeitet und nahe dem Ort des ehemaligen Geschehens aufgeführt. Als Kulisse und Schauplatz diente die westliche Seite der Genovevaburg und die angrenzende Straße Boemundring.

Schon damals waren die Festspiele aufwendig ausgestattet. Viele Menschen agierten auf der Bühne, sogar Reiter waren daran beteiligt. Von Anfang an galt die Prämisse, zahlreiche Mayener Bürgerinnen und Bürger an dem Geschehen mitwirken zu lassen. Lediglich die vier Hauptrollen wurden von professionellen Schauspielern übernommen. Auch diese Tatsache, dass sich Profis mit Laien »mischten« und gemeinsam auf die Bühne traten, war einzigartig.

Im Jahr 1939, kurz vor Ausbruch des Zweiten Weltkriegs, wurden die Genovevafestspiele ein zweites Mal aufgeführt. Während einer Nachtvorstellung bekam die Aufführung eine ganz besondere optische Dimension.

Als 1980 die Genovevaburg siebenhundert Jahre alt wurde, sollte dieses Ereignis in Mayen mit einer Burgwoche gebührend gefeiert werden. Dabei erinnerte sich der zuständige Kulturausschuss an die über vierzig Jahre zurückliegenden Genovevafestspiele. Es bot sich an, diese aus diesem Anlass wieder aufleben zu lassen. Dafür wurde nur eine Aufführung geplant. Man befürchtete, dass sich Sperrungen in der Stadt auf den zugenommenen Straßenverkehr negativ auswirken könnten. Das Interesse war aber so groß, dass das Stück in dieser Festwoche mehrmals aufgeführt wurde. Die zahlreichen Besucher aus nah und fern, Profi- und Laienschauspieler waren begeistert, so dass in Mayen ein richtiges »Theaterfieber« ausbrach. Der Entschluss, die Festspiele in Zukunft weiter fortzuführen, wurde allerseits mit großer Freude und hoffnungsvoller Erwartung begrüßt. Der Weg für ein Aufleben der Mayener Theaterwelt war geebnet, so dass am 14. Juli 1982 die erste Aufführung der »neuen Zeit« erfolgen konnte. Dem Straßenverkehr wurde Rechnung getragen und die Aufführungen in den Burghof verlegt. Schauspielerinnen und Schauspieler der Landesbühne Mainz führten *Jedermann* auf, ein Stück, das während der ersten Spielzeit mit sechs Vorstellungen die Plätze im Burghof füllte. Parallel begeisterte das Märchen *Dornröschen* nicht nur das jüngere Publikum. Auch bei dieser Inszenierung überzeugten wieder Amateurdarsteller aus Mayen mit ihrem schauspielerischen Können.

Auch in den folgenden Jahren wurden jeweils zwei Stücke einstudiert. Interessant ist hierbei die gekonnte Mischung zwischen klassischem Schauspiel und Märchentheater. Später wurden die Angebote und Anzahl der Aufführungen noch erweitert.

Durch die jährlich abwechselnden Aufführungen war Mayen weit über die Grenzen der Eifel als Festspielstadt bekannt geworden. Die vielversprechende Tendenz und die wachsenden Zuschauerzahlen veranlassten 1986 den Mayener Stadtrat zu einem richtungsweisenden Beschluss. Ab 1988 sollten die Burgfestspiele, wie sie jetzt genannt wurden, unter eigene Intendanz mit einem eigenen Ensemble gestellt werden mit eigens dafür produzierten Inszenierungen. Das Abendprogramm sollte zwei Stücke umfassen, das Märchenangebot eins.

Allen Verantwortlichen war bewusst, dass sich das Vorhaben in diesen Dimensionen finanziell nicht selbst tragen konnte. Es wurde Unterstützung vom Land Rheinland-Pfalz, dem Kreis Mayen und nicht zuletzt aus der Mayener Bürgerschaft erforderlich. Am 16. September 1986 erfolgte daher die Gründung des Fördervereins der »Freunde der Burgfestspiele« in Mayen mit dem Zweck, »die Burgfestspiele zu fördern, die Stadt Mayen als Trägerin in der Erfüllung ihrer Aufgaben zu unterstützen und schließlich die Verbundenheit der Bevölkerung mit den Burgfestspielen zu pflegen«, wie es der Website zu entnehmen ist.

So ein Theater, und wieder draußen!
Die Freilichtbühne Schuld an der Ahr

Weit über die Grenzen der Eifel hinaus bekannt ist auch die kleine Freilichtbühne oberhalb von Schuld, einem Ort mit siebenhundert Einwohnern am oberen Ahrlauf. Seit über sechs Jahrzehnten blickt das Ensemble der Laienschauspieler auf den Erfolg ihres Theaters zurück. Von eindrucksvoller Klassik über geheimnisvolle Märchen und weltbekannte Musicals erstreckt sich das abwechslungsreiche Programm jeweils in den Sommermonaten.

Es begann in den frühen Nachkriegsjahren, in denen ein großer Mangel an Unterhaltung und Abwechslung in dieser Region bestand. Die Einwohner von Schuld überlegten, wie diesem Defizit kultureller Art entgegengewirkt werden könnte.

Im Jahr 1948 entwickelte sich die Idee, eine Theatergruppe zu gründen, die auch die dörfliche Gemeinschaft und den Zusammenhalt in den nicht leichten Nachkriegsjahren fördern sollte. Oberhalb des Ortes neben der Schornkapelle bot sich eine Lichtung an, die Platz für die Aufführungen bot. Der Bau

eines »Festspielhauses« kam nicht in Frage, *Das Eifeldorf Schuld.*
weil dafür ohnehin die Mittel fehlten. Außer-
dem sollte erst die Erfahrung gemacht werden, ob diese Art
von Unterhaltung überhaupt angenommen würde. Von nun
an sollten sich berufen fühlende Laien und an der Unterhaltung anderer Interessierte präsentieren können. Zunächst
reichten einige Bankreihen und eine kleine Bühne für den großen Auftritt »im Rampenlicht« vor dem erwartungsvollen
heimischen Publikum.

Das erste aufgeführte Stück war *Genoveva*. Aber auch *Jedermann* oder *Wilhelm Tell* begeisterten nicht nur Zuschauer,
sondern auch die Darsteller selbst, die sich im Rahmen ihrer
Anerkennung der freiwillig gestellten Aufgabe voll hingaben.

Die Erfolge gaben den Initiatoren und Beteiligten Recht.
Das Engagement der Bewohner von Schuld war so groß,

199

dass schließlich viele die vielzitierten »Bretter, die die Welt bedeuten«, betraten und sich an der Theatergemeinschaft beteiligten. Es ging ihnen um die Freude, Abwechslung, Unterhaltung und die Gemeinsamkeit, nicht um Gewinne, die ohnehin nicht zu erwarten waren.

Anfangs wurde der Eintritt sogar noch in Naturalien akzeptiert. Diese wurden dann wiederum in Stoff für die Kostüme oder Dekorationen getauscht, die in fleißiger Heimarbeit gefertigt wurden. Auf diese Weise konnten sich auch Menschen engagieren, die nicht auf der Bühne standen.

Da auch Kindern der Zugang zum Theater geebnet werden sollte, wurden überwiegend bekannte Märchen inszeniert. Viel später waren es auch Stücke aus Fernsehproduktionen, wie *Max und Moritz*, *Pipi Langstrumpf*, *Das Dschungelbuch* oder *Der Zauberer von Oz*.

Im Sommer finden sechs Wochen lang an jedem Wochenende Theateraufführungen auf der im idyllisch ruhig im Wald gelegenen Freilichtbühne statt.

Den Besuchern stehen heute über sechshundert überdachte Sitzplätze zur Verfügung, so dass auch wechselhaftes Wetter kein Hindernis darstellt, die Vorstellungen zu besuchen. In Eigenleistung wurde in den Jahren 1998 bis 2000 ein Gebäude errichtet, in dem die Akteure in einem großen Gemeinschaftsraum für ihre nächsten Auftritte proben können. Auch Kulissen und andere Utensilien finden dort ausreichend Platz.

Der Freilichtbühne Schuld gehören zurzeit etwa fünfzig aktive Mitglieder an, die nicht nur auf der Bühne agieren, sondern auch dahinter eine Aufgabe wahrnehmen können. Hier wird jeder aktiv, wo seine Hilfe gerade gefragt wird. Sogar ganze Familien haben sich diesen gemeinsamen Interessen verschrieben.

Lesen, hören und interessante Leute: Eifel-Literatur-Festival

Es war im Jahr 1994, als das erste Eifel-Literatur-Festival in Prüm durchgeführt wurde. Bescheiden und an einem ungewöhnlichen Ort, Literatur zu

▸ *Sankt-Salvator-Basilika in Prüm.*

präsentieren, fing es an. Es war der nüchterne Schalterraum einer Bank. Aufgrund der privaten Initiative des Germanisten Dr. Josef Zierden startete ein Begleitprogramm zum Erscheinen seines Buches *Die Eifel in der Literatur*. Die Absicht eines derartigen Festivals, das alle zwei Jahre stattfinden sollte, lag darin, die Eifel zu einer europäischen Literaturbühne zu erheben.

Das erste Festival erwies sich als ein Erfolg, der weiter verfolgt und gefestigt werden sollte. Nachdem bis zum Jahr 2001 die belletristische Literatur in und über die Eifel im Mittelpunkt stand, wurde das Programm erweitert. Es wurden auch Autoren von außerhalb der Eifel eingeladen. Um nur einige Namen des später immer größer werdenden Kreises zu nennen – dabei waren Mario Adorf, selbst Eifeler aus Mayen, Siegfried Lenz oder Martin Walser. Der Erfolg sprach für sich. Man wollte mehr. War das Festival von 1994 bis 1998 nur auf die Dauer einer Woche beschränkt, wurde es danach auf die Zeit von Mai bis November ausgedehnt. Schließlich war im Jahr 2006 mit der siebten Auflage das Interesse und der Ansturm so groß, dass über den Bereich des ursprünglichen Kreises Bitburg-Prüm auch die Nachbarkreise Bernkastel-Wittlich, Ahrweiler, Mayen-Koblenz, Euskirchen, Aachen und damals noch Daun, heute Vulkaneifel, in die Ausführungen einbezogen wurden.

Im Jahr 2008 war die Anzahl der beteiligten Landkreise auf zehn angewachsen.

Das Eifel-Literatur-Festival befindet sich weiter auf Erfolgskurs. Die neunte Ausführung im Jahr 2010 war mit 15 000 Besuchern bei 28 Einzelveranstaltungen das bestbesuchte Festival seit der Gründung der Veranstaltung.

Ich sehe den Sternenhimmel und höre Stimmen.

Der Astropeiler Stockert und das All

Die unendlichen Geheimnisse und die unermesslichen Weiten, die das All verbirgt, weckten bei uns Menschen seit jeher eine unbändige Neugier. Mit wissbegierigen Blicken in die größten Entfernungen des Universums versuchen wir fortwährend mehr zu erfahren, immer mit dem Gedanken, einen Schritt näher an bislang Verborgenes, Unbekanntes zu gelangen.

Bei Bad Münstereifel, im Ortsteil Eschweiler, liegt ein 433,9 Meter hoher Berg namens Stockert. Auf der Suche nach einem Standort für eine Radio- und Sternwarte erkannten die Wissenschaftler der Rheinischen Friedrich-Wilhelm-Universität Bonn dort die besten Voraussetzungen. In den Jahren 1955 bis 1956 wurde dort das erste und gleichzeitig teuerste Radioteleskop und Forschungsprojekt Deutschlands errichtet. Dieses galt für einige Zeit als das größte und genaueste radioastronomische Messinstrument. Der Teleskopspiegel weist einen Durchmesser von 25 Metern auf und sitzt auf einem nach oben konisch zulaufenden Gebäude. Das Gewicht beträgt 90 Tonnen. Zur Unterstützung der Messungen wurde im Jahr 1965 ein weiterer Spiegel in ca. 100 Metern auf ebener Erde mit einem Durchmesser von 10 Metern errichtet. Laborgebäude und zwei Wohnhäuser für Personal und Wissenschaftler folgten ein Jahr später.

Nicht allein die zivile Forschungsarbeit stand im Vordergrund, den Astropeiler an dieser Stelle zu errichten. Auch das Militär meldete Ansprüche an, dort Erkenntnisse über die Radartechnik zu gewinnen. Beste Voraussetzungen fand es hier vor. Der 25-Meter-Schirm war nach den Erfordernissen beliebig oft horizontal kipp- und drehbar, ohne dass Störungen oder Unterbrechungen der Messungen zu befürchten gewesen wären. Zudem bestand die Möglichkeit, die Antenne bis 2 Grad unter den Horizont abzusenken. Die elektrische Energie wurde über einen sogenannten Schleifring zwischen den bewegenden Teilen übermittelt, so dass auf Kabel, die sich hätten verstricken können, keine Rücksicht genommen werden musste. Gewonnene Daten wurden auf dem gleichen Weg zurückgeführt und gesichert.

Nicht bekannt ist, wann, wie oft und ob überhaupt die militärischen »Wünsche« zum Tragen kamen. Unbestätigt bleibt auch die Behauptung, dass vom Stockert aus der Luftkorridor nach West-Berlin überwacht wurde. Von den damaligen technischen, geographischen und die Entfernung betreffenden Voraussetzungen war das eher unwahrscheinlich.

Die am Stockert erhaltenen wertvollen wissenschaftlichen Daten unterstützten die Betreiber bei der Planung und Konstruktion eines größeren Radioteleskops in Effelsberg, auch in der Nähe von Bad Münstereifel. Nach dessen Inbetriebnahme am 1. August 1972 verlagerten sich die überwiegenden Forschungsarbeiten dorthin, so dass das 25-Meter-Teleskop Stockert bis 1975 nur noch eingeschränkt in Anspruch genommen wurde. Im Oktober des gleichen Jahres wurde es vom Max-Planck-Institut für Radioastronomie stillgelegt.

Im Jahre 1979 kehrten Wissenschaftler der Universität Bonn für ein umfangreiches Messprogramm auf galaktischer Ebene wieder zum Stockert zurück. Diese Arbeiten dauerten bis 1985. Danach diente der Peiler bis 1995 nur noch zu Schulungszwecken. Die Universität Bonn zog sich von dort ganz zurück.

Nachdem die NRW-Stiftung im Jahr 2005 den Astropeiler Stockert erworben hatte, mussten zunächst umfangreiche Pflege- und Erhaltungsarbeiten durchgeführt werden. Wegen zuvor vernachlässigter Wartung erforderten diese einen großen finanziellen Aufwand. In erster Linie gehörten dazu weitflächige Rostschutzmaßnahmen an dem Teleskopspiegel. Im Anschluss daran wurde die Empfangstechnik erneuert.

Im Mai 2010 war das Ziel der NRW-Stiftung erreicht. Der Stockert wurde wieder eröffnet. Seitdem zieht er an Sonntagen zahlreiche interessierte Besucher an. Dann erfolgen anschauliche Demonstrationen der Radioastronomie mithilfe alter und moderner Technik.

Aber nicht nur einen Sonntagsausflug ist der Stockert wert, sondern auch außerhalb

▸ *Der Astropeiler Stockert bei Bad Münstereifel.*

der Vorführzeiten kann man das Teleskop besuchen. Das konisch nach oben zulaufende Bauwerk mit dem Spiegel erscheint noch gewaltiger und mächtiger, wenn man sich genau darunter aufhält. Wo sonst ist es möglich, sich einer derartigen, nicht alltäglichen technischen Konstruktion bis zur Berührung zu nähern?

Ein großer Bruder nicht weit entfernt

Mit einem Durchmesser vom vierfachen Ausmaß des Stockerts, nämlich 100 Meter, zählt das vollbewegliche Radioteleskop Effelsberg zu den größten der Erde. Ebenfalls in einem Ortsteil von Bad Münstereifel »thront« es auf dem 398 Meter hohen Hühnerberg. Es ist umgeben von einer Reihe höherer Erhebungen. Dadurch kommt eine natürliche Abschottung nach allen Seiten zustande und künstliche Radiowellen, die millionen- und sogar milliardenfach stärker sind als die Wellen aus dem All, werden ferngehalten.

Dazu zählt auch das in der zivilen Luftfahrt und im militärischen Bereich eingesetzte Bodenradar.

Unter der Leitung des Max-Planck-Instituts für Radioastronomie in Bonn wird ständig an diesem hochtechnischen Gebilde Effelsberg gearbeitet, ausgewertet und experimentiert, um einen noch höheren technischen Standard zu erreichen.

Im Jahr 1972 nach dreijähriger Bauzeit in Dienst gestellt, zählt es heute noch zu den modernsten Teleskopen weltweit. Es dient zur Beobachtung von Sternenentstehungsgebieten, schwarzen Löchern und von Kernen ferner Galaxien, was dem Laien nicht viel sagt, aber bedeutend ist zur Erforschung der Entstehung der Erde und unseres Lebens. Dafür sind allerdings »Alleingänge« dort nicht sinnvoll. Eine Zusammenarbeit mit anderen Forschungsinstituten und Organisationen ist unerlässlich. Für das weltweite Zusammenschalten verschiedener Radioteleskope ist Effelsberg eine sehr wichtige Station, um mit dieser Technik die schärfsten Aufnahmen aus dem Kosmos zu erlangen.

In Europa zählt das Radioteleskop Effelsberg zu einem der leistungsstärksten seiner Art.

▶ Das Radioteleskop Effelsberg bei Bad Münstereifel.

Es ist in der Lage, Radiowellen aus bis zu 12 Milliarden Licht-jahren Entfernung zu empfangen. Diese Zahl umgerechnet in Kilometer ist in diesen Dimensionen kaum vorstellbar. Ein all-täglich genutzter Taschenrechner würde mit dieser Heraus-forderung überfordert sein und aufgeben.

Die Oberfläche der Antenne weist 7 850 Quadratmeter auf, knapp 3 000 unter den Maßen eines Fußballfeldes. Dadurch wird auch der Empfang äußerst schwacher Radiosignale aus großen, unbekannten Entfernungen des Alls möglich. Hoch-empfindliche Verstärker wandeln die empfangenen Radiowel-len in elektrische Signale um, die durch Computer ausgewertet werden. Das Gesamtgewicht der immensen Antenne beträgt 3 200 Tonnen, die auf einem Ringfundament von 64 Metern Durchmesser sicher gelagert sind. Faszinierend ist für den Laien, dass dieses hohe Gewicht auch in kurzer Zeit bewegt werden kann. Es dauert kaum 12 Minuten, bis sich der Parabol-spiegel einmal um 360 Grad gedreht hat. In 6 Minuten kann er um 90 Grad gekippt werden. Dafür sorgen 16 elektrisch ange-triebene Drehmotoren von je 10,2 kW. Der Blick nach oben auf den gewaltigen Schirm bedeutet einen wirklich beeindru-ckenden Moment. Wenn plötzlich die Motoren zu brummen beginnen und eine Bewegung dieses Riesen ankündigen, kann dem Betrachter schon der Atem stocken. Kein Mensch ist zu sehen, wie von Geisterhand geführt hat jede Bewegung, ob bei Tag oder bei Nacht, einen Sinn. Fast unheimlich wirkt es, wenn sich von Ferne betrachtet der weiße Teleskopspiegel ganz langsam aus dem Grün der Wälder erhebt.

Nach 29 Jahren erfolgreicher Nutzung und unzähligen wissenschaftlichen Erkenntnissen wurde das bislang weltweit größte Radioteleskop in Effelsberg durch das Robert-C.-Byrd-Teleskop in Green Bank, West Virginia mit 110 Metern Durch-messer auf den zweiten Platz verwiesen.

Das Observatorium Hoher List

Als sich der Himmel über Bonn nach dem Zweiten Weltkrieg durch die zunehmende Beleuchtung der Straßen, Schaufens-ter und andere künstliche Lichtquellen bei Nacht immer

mehr aufhellte, wurde es für die Bonner Sternwarte schwieriger, ihre Himmelsbeobachtun-
gen durchzuführen. Das Strahlen der Sterne
wurde durch das Fremdlicht überdeckt und setzte sich nicht
mehr ausreichend von ihrem dunklen Hintergrund ab. Es
musste eine Lösung geschaffen werden, ungehindert die
Sterne in ihrem Lauf verfolgen zu können. Die Stadt zu verlassen, war die einzige Möglichkeit, um in einer natürlichen, unbeeinflussten nächtlichen Dunkelheit die Arbeiten fortzuführen. Auf der Suche nach einem optimalen, unbeeinflussten
Standort entschieden sich die Wissenschaftler im Jahr 1950
für den 549 Meter hohen Berg Hoher List bei Schalkenmeh-
ren in der Eifel, nahe Daun. Ein Teil des technischen Geräts
aus Bonn wurde zu dem neuen Standort verfrachtet und an
vielversprechender Stelle eine neue Sternwarte installiert. Das
Observatorium Hoher List war 1954 fertig gestellt; begonnen
hatten die Arbeiten zunächst mit einem 50-Zentimeter-Teles-
kop in einer ersten Kuppel.

*Observatorium Hoher
List bei Daun.*

Im Jahr 1964 wurde das Observatorium erweitert und mit dem Doppelfernrohr aus Bonn ausgestattet. In der Folgezeit verfügte die Sternwarte schließlich über sechs unterschiedliche Teleskope. Die Hauptaufgaben lagen in der Beobachtung von Ort und Bewegung sowie Farbe und Helligkeit von Himmelskörpern in unserer Milchstraße. Im Laufe der Zeit beeinflusste die fortschreitende Aufhellung des Nachthimmels auch auf dem Hohen List die wissenschaftlichen Forschungen. Als häufig ungünstige Wetterbedingungen sogar die Arbeiten verhinderten, entstanden Leerlaufzeiten, die die themenbezogenen Tätigkeiten aufhielten. Das hatte zur Folge, dass der Hohe List mehr und mehr an Bedeutung verlor. Standorte in Chile oder den USA erwiesen sich wegen konstanter Wetterverhältnisse doch als verlässlicher.

Schließlich dienten die Einrichtungen auf dem Hohen List nur noch zur Studentenausbildung, zur Entwicklung und Erprobung neuer astrologischer Instrumente. Im Jahre 2012 stellte die Universität Bonn auch die gesamten Lehr- und Experimentiertätigkeiten ein, in der Absicht, die gesamte wissenschaftliche Ausstattung mit den dazugehörigen Geräten zu veräußern. Die rechtzeitige Unterschutzstellung durch das Landesamt für Denkmalpflege im Jahr 2013 verhinderte diese Pläne. Eine gewisse Weiternutzung wurde durch die Astronomische Vereinigung Vulkaneifel am Hohen List e. V. gewährleistet. Unter dieser Regie werden für die interessierte Öffentlichkeit regelmäßig Führungen und Beobachtungsveranstaltungen durchgeführt sowie Vorträge gehalten. Daher gehört dieses Objekt noch nicht gänzlich der Vergangenheit an.

Einfach einzig-AHR-tig

Nicht nur der Wein von der Ahr

Mitten in dem Städtchen Blankenheim sprudeln in den Keller-gewölben eines Fachwerkhauses aus dem Jahr 1726 die vier Quellen der Ahr zu Tage. Das ist außergewöhnlich, denn welcher andere Fluss verfügt schon über ein eigenes Geburts-haus?

Der noch junge und schmale Wasserlauf wird zunächst in einem aus Naturstein gemauerten Bachbett, teils unterir-disch, zum Stadtweiher geleitet. Von dort plätschert die Ahr in ein weites Tal. Noch lässt sich nicht erahnen, in welch im-mensen Kontrast sich der spätere Mittellauf mit seinen stei-len Hängen, deren Schieferböden seit dem Jahr 770 zum Weinanbau genutzt werden, darbieten wird.

Nach einer abwechslungsreichen und sehenswerten Stre-cke durch Wiesen, Auen und felsreichen Abschnitten erreicht die nun erwachsen gewordene Ahr den Weinort Altenahr, der auch zutreffend als »Tor zum Tal der roten Trauben« bezeich-net wird.

Die Landschaft wird enger. Häuser, Flusslauf und Straße rücken näher zusammen. Ab jetzt wird uns der Weinbau auf Schritt und Tritt begegnen. Und das nicht nur beim Anblick der steilen Rebenhänge, sondern auch wegen der Kellereien, Straußwirtschaften und Verkaufsstände in Höfen und Grund-stückseinfahrten. Hier wird überwiegend Rotwein zur Verkos-tung, aber natürlich auch zum Kauf angeboten.

Erblickt man an einem Haus ein Gebilde, das einem He-xenbesen zum Verwechseln ähnlich sieht, ist nicht gleich da-von auszugehen, dass dort eine dieser besenreitenden Damen gerade eine Rast macht. Es ist vielmehr das typische Zeichen für eine Straußwirtschaft. Dort ist der Winzer berechtigt, selbst erzeugten Wein in seinem Hof oder im Weinkeller zu bestimmten Zeiten im Jahr auszuschenken. Der zeitliche Rah-men ist dabei streng bemessen und darf im Jahr neunzig Tage nicht überschreiten. Diese Regelung soll noch aus der Zeit

Karls des Großen stammen. Dieser hatte erlassen, dass ein Teil des jährlich erzeugten Weines an Kaiser und Regierung abzugeben sei. Den Rest durften die Winzer als ihren Gewinn verkaufen.

Bezeichnend für die Straußwirtschaften ist die gemütliche und familiäre Atmosphäre. Regionaltypische Speisen, wie Schlachtplatten, Wurstsalat, Zwiebelkuchen und ähnlich Deftiges, runden das Angebot ab.

Der Weinort Altenahr bietet einige Aussichtspunkte, mit Blick auf die wild-romantische Landschaft der Mittelahr. In nur wenigen Minuten zu Fuß ist die 113 Meter über dem Tal thronende Burgruine Are erreicht. Von dieser Anhöhe wird die ganze Vielfalt des bizarren, naturbelassenen Ahrtals sichtbar. Schroffe, fast senkrecht aufragende Felswände, abfallende Schluchten und die dazwischen mäandernde Ahr laden zum Verweilen ein. Einige Meter vor dem Straßentunnel der Engelsley biegt die Ahr diszipliniert nach rechts in das Naturschutzgebiet Langfigtal ab, um diesem mächtigen Felsen auszuweichen. Das geschieht aber nur bei

Reisigbesen über dem Eingang einer Straußwirtschaft im Weinort Rech.

normalem Wasserstand. Bei Hochwasser durch Unwetter oder zur Schneeschmelze, ist das gute Benehmen dieses ansonsten zahmen Flüsschens vergessen. Mit großen Wassermengen entsteigt sie ihrem Bett, weil es ihr eben zu eng wird. Ein Teil der tosenden Fluten nimmt dann die Abkürzung durch den Autotunnel. Dahinter vereinen sie sich wieder mit den Fluten, die den Umweg genommen hatten.

Vor dem Bau des Tunnels war es schwierig, ahraufwärts Altenahr zu erreichen. Es blieb nur der 3 Kilometer lange Umweg zu Fuß durch das Langfigtal oder über steile, enge Pfade im Ahrgebirge. Im Frühjahr 1832 begann das damals kühne Projekt, einen Tunnel durch die Engelsley voranzutreiben. Bereits am 19. November des gleichen Jahres gelang der erste Felsdurchstich. Der preußische Kronprinz Friedrich Wilhelm war zugegen und durchschritt als Erster den schmalen Felsdurchlass. Seine Anwesenheit symbolisierte die Wichtigkeit dieser Maßnahme im Zuge der ungehinderten Verbindung der mittleren mit der oberen Ahrregion. Die feierliche Eröffnung des Tunnels erfolgte am 25. November 1834. Bis

Burgruine Are, 113 Meter über Altenahr gelegen.

dahin war auch der Ausbau der Ahrtal-Fahrstraße bis zum Tunneleingang fertig gestellt. Galt bislang der Engelsley-Felsen als großes Hindernis, waren jetzt im wahrsten Sinne des Wortes Tür und Tor geöffnet, den Menschen ein ungehindertes Fortkommen ahraufwärts zu ermöglichen.

Hierzu eine kleine Episode

Bevor der Straßentunnel durch die Engelsley existierte, mussten auch Neugeborene aus Reimerzhoven zur Taufe über die erwähnten Umwege in die Altenahrer Kirche gebracht werden. Das allerdings stellte das kleinere Problem dar. Erheblich schwieriger und vor allem gewichtiger wurde es, Verstorbene zur Hauptkirche und zum Friedhof nach Altenahr zu bringen. Der letzte Gang führte über den Bergpfad links der Ahr. Dieser war stellenweise so steil und schmal, dass die Träger nicht mehr nebeneinander Platz fanden. Aus diesem Grund musste der Sarg, an Stange und Seil gebunden, von den hintereinandergehenden Männern auf den Schultern getragen werden. Aus dieser Situation ergab sich der Spottspruch: »Jeder Reimerzhovener musste erst gehängt werden, ehe er begraben werden konnte.«

Schon Gottfried Kinkel beschrieb die »phantastisch zerklüfteten Felsenhäupter, die das Tal von Altenahr so wunderbar und einzig machen. Das ganze Labyrinth haben wir in einem Blick vor uns. Es ist keine Stelle, welche den eigentümlichen Zauber der Ahr so tief und mächtig auf den Beschauer wirken ließe«.

Eine weitere interessante Aussicht bietet das Teufelsloch, eine geologische Besonderheit oberhalb des Bahnhofs. Hier wird ein Blick nach zwei Seiten durch eine Felsenöffnung gewährt: einmal auf den Ort selbst mit der Burg Are, in anderer Richtung auf das Ahrtal aufwärts bis Kreuzberg mit der auf dem steilen Felssporn gelegenen gleichnamigen Burg.

Auf dem schmalen, steinigen Pfad von dem schwindelerregenden, natürlichen Aussichtspunkt hoch über Altenahr zurück ins Tal blicken die Wanderer immer wieder in bunte Gesichter von »Waldgeistern«, die offenbar die Menschen nicht

aus dem Auge lassen. Ein Künstler aus Altenahr hat die Stellen an Baumstämmen, an denen ein Ast abgesägt wurde, genutzt, um diese Flächen mit bunten Gesichtern auszumalen.
Sie überraschen Menschen, die dort vorbei-
kommen, viele erfreuen sich daran. Vielleicht
wollen sie aber auch mahnen, die Gesetze der Natur zu achten.

▶ Einen hohen Prozent-
satz stellen rote Trauben.
▲ Einer der »Waldgeis-
ter«, der die Wanderer
bei Altenahr überrascht.

Wir begeben uns nun in das schmale und enge Tal der Ahr
und folgen dem selbst erwählten Verlauf dieses Flüsschens.
Steile Weinberge auf der Sonnenseite des Tales begleiten uns,
während die Hänge der Schattenseiten mit dichten Laubwäl-
dern bewachsen sind.

Mühsam und kräftezehrend ist die Arbeit in den Steil-
hängen der Ahrweinberge. Nicht nur die Lese ruft die Winzer
in die Weinberge. Nahezu das ganze Jahr erfordern die Weinstöcke ihre Hege und Pflege.

Das Ahrtal ist in Deutschland das größte geschlossene
Weinanbaugebiet für Rotwein. Die gesamte Rebfläche um-
fasst 548 Hektar, auf denen 87,5 % auf rote und 12,5 % auf
weiße Trauben entfallen.

Das Ahrtaler Weinanbaugebiet profitiert durch wohlwollende Faktoren. Es sind die klimatischen Gegebenheiten, die sich äußerst positiv auswirken. Im sogenannten Regenschatten der Eifel und des Hohen Venns sind die Niederschlagsmengen im Vergleich zu anderen Gebieten hier relativ gering. Das bedeutet, weniger Wolken lassen mehr Sonnenschein zu. Weiter bilden sich in dem Tal selbst, bedingt durch

Sagenumwobene Felsformation Teufelsloch oberhalb von Altenahr.

die wechselnden Richtungen der Ahr, kontinuierlich vom Wind abgewandte Kleinklimazonen. Diese wirken sich auf das Wachstum, Gedeihen und den Ertrag des Ahrweines fördernd aus. Auch der Untergrund der Weinstöcke könnte nicht besser geeignet sein. Tagsüber wird die Wärme der Sonne aufgenommen und gespeichert. In kühleren Nächten gleicht diese Wärme die Temperaturunterschiede aus.

Die West-Ost-Richtung des Tals der roten Trauben bewirkt, dass die meisten Rebflächen auf der linken, nördlichen Ahrseite liegen. So kommen auf dem Weg der Sonne von Ost, Südost, Süd, Südwest bis West eine ganze Menge Sonnenstunden zusammen, genauer gesagt sind es 1 450 pro Jahr. Davon kann der Wein natürlich profitieren.

Wer mehr über den Weinanbau, die Trauben und das edle Ergebnis erfahren möchte, begebe sich auf den Rotweinwanderweg (RWW). Bereits 1972 wurde dieser Weinwanderpfad eröffnet, der sich links entlang der Ahr über 34 Kilometer von Altenahr bis Bad Bodendorf durch das Weinanbaugebiet erstreckt. Hinweisschilder und Informationstafeln lassen keine Frage offen. Wer zur richtigen Zeit im Wingert ist, kann von einem Winzer sozusagen aus erster Hand eine Erklärung über Rebsorten, Namen und den Geschmack erhalten.

Aufgeteilt in elf Etappen bereitet dieser Wanderweg der besonderen AHRt Freude, besonders, weil fußläufige Verbindungswege zu den jeweils im Tal liegenden romantischen und beliebten Weinorten wie Mayschoss, Rech, Dernau oder Walporzheim bestehen. Dem Wandern als »Pflicht« soll auch die Kür folgen. Das heißt, Weine probieren, gutes Essen und zum Schluss ein sanftes Ruhekissen.

Zwischen Walporzheim und Ahrweiler erstreckt sich auf dem Rotweinwanderweg ein 4 Kilometer langer »Weinbaulehrpfad«. Auf 31 Texttafeln wird alles Wissenswerte um den Weinbau im Ahrtal erklärt.

Die alljährlich stattfindenden Wein- und Winzerfeste in den bekannten Weinorten an der Ahr locken viele Gäste an. Prunkvolle Festumzüge mit Bacchus und Weinköniginnen bilden den Höhepunkt des Weinjahres.

Schon früh hatte man erkannt, dass durch Gründungen von Winzervereinen eine gemeinsame Vermarktung der Produkte erleichtert wurde. Somit war nicht jeder Winzer auf sich allein gestellt. Der am 20. Dezember 1868 gegründete Mayschosser Winzerverein ist heute die älteste Winzergenossenschaft der Welt.

Auch wenn es zum Gesamtkonzept der Eifel passen würde, scheint es diesmal nicht so zu sein, dass die Römer die Reben bis an die Ahr brachten. Zur Zeit der ersten urkundlichen Erwähnung des Weinanbaus an der Ahr hatten sich die Römer bereits schon lange aus der gesamten Eifelregion zurückgezogen. Es sollen vielmehr die Klöster gewesen sein, die am Weinanbau im Ahrtal wesentlich beteiligt waren. Auch das Domstift St. Peter in Köln besaß hier ein eigenes Weingut, zu dem die Lagen Domlay und Pfaffenberg gehörten. Der Winzerhof lag in Walporzheim. In Anlehnung an den Schutzpatron des Kölner Doms wurde das Gut St. Peter benannt. Mit Recht kann sich dort das heutige Gasthaus als das älteste an der Ahr bezeichnen.

Übrigens wachsen sehr häufig am Rand von Rebenhängen kräftige Rosenbüsche, die sonst Hausgärten oder gepflegte Parkanlagen schmücken. Das ist so gewollt und nicht etwa Zufall. Rosensträucher fungieren sozusagen als Frühwarnsystem. Bei länger andauerndem, feuchtem Wetter können sie von Mehltau befallen werden. Dem Wein ergeht es nicht anders. Nur tritt bei diesem der Ausbruch dieser Pflanzenpilzerkrankung später ein. Stellt der Winzer Mehltau an den Rosen fest, würde es noch ca. zehn Tage dauern, bis seine Weinstöcke ebenfalls erkrankten. Mit entsprechenden Spritzungen kann er zeitnah wirkungsvoll entgegenwirken.

Und es gibt doch »Römer-Wein« in der Eifel

Am äußersten südlichen Ende der Eifel, dort, wo diese liebliche Hügellandschaft zur Mosel hin abfällt und von diesem linken Nebenfluss des Rheins begrenzt wird, wurde von den Römern schon vor 2 000 Jahren Wein angebaut, wurden Trauben geerntet und zu köstlichem Getränk weiterverarbeitet. Die ausgedehnten Rebflächen mit »Blick« nach Süden eigneten sich hervorragend durch die lange Sonneneinstrahlung zum Reifen der Trauben.

Während die Ahr mit ihren Weinlagen zumindest mitten in der Eifel liegt, trägt der Moselbereich »nur« mit 50 % der Weinbauflächen dazu bei. Das rechte Moselufer gehört landschaftlich schon dem Hunsrück an, dem Land des legendären Schinderhannes. Aber zurück zur Eifelseite!

Wie es an der Ahr besonders steile Weinanbauflächen gibt, sind diese der Moselregion auch nicht fremd. Hier existiert sogar eine ganz besondere Lage, die mit 70 Grad zu den steilsten Weinlagen weltweit gerechnet werden kann.

Es ist der Calmont zwischen Ediger-Eller und Bremm, auf halbem Weg zwischen der römi-

Der Calmont bei Bremm a. d. Mosel.

schen Gründung Koblenz (*confluentes* – die Zusammenflie-
ßenden – Mosel und Rhein) und der ältesten Stadt Deutschlands, dem römischen Trier.

Den Namen des 250 Meter ansteigenden Calmonts verwendeten bereits die Römer; dieser bedeutet in der Überset-
zung »heißer Berg«. Die Bezeichnung rührt offensichtlich aus
der natürlichen Wärme dieses Bereiches her, wenn sich die
Sonnenkraft im Schiefer- und Sandsteinuntergrund aufspei-
cherte. Aber das kennen wir ja schon von der Ahr.

Der steile, schmale Weg, den die Wanderer am Calmont
zurücklegen können, ist nicht einfach. Um eine bessere Tritt-
festigkeit zu gewähren und Gefahren zu mindern, hat der
Deutsche Alpenverein an einigen Stellen des Pfades feste
Stufen installiert. Dennoch ist festes Schuhwerk unerlässlich,
da wetterbedingt einige Bereiche rutschig sein können.

Nach einer kleinen Senke wird eine Doppelleiter erreicht,
mit deren Hilfe ein besonders steiles Stück zu bewältigen
ist. Weitere vier Leitern und erfahrenen Kletterern vertraute
Trittstifte und Trittkrampen sind behilflich, den immerhin 3 Kilometer langen Aufstieg zu bezwingen. Am Schluss haben sich
Mühe und Kräfteaufwand aber gelohnt. Der Blick von der Gal-
genlay nach unten in das Tal präsentiert ein wahres Ansichts-
kartenpanorama. Dort hat sich eine der engsten Moselschlei-
fen in Gestalt eines fast geschlossenen »O« geformt, dessen
innerer Teil mit der gotischen Klosterruine Stuben sich wie
eine Insel darstellt. Weiße Ausflugsschiffe ziehen gemächlich
und lautlos ihre Bahn. Nur das schäumende Kielwasser zeigt
ihr gemächliches Fortkommen an.

Ähnlich wie in der Klosterruine Marienthal bei Walporzheim an der Ahr wird auch hier die Klosterruine Stuben für
Konzerte genutzt.

Weißer Schnee auf »Schwarzem Mann«

Die Schneifel und andere Wintersportoasen

Das ist natürlich ein Kontrast, den sich jeder bildlich gut vorstellen kann. Allerdings hat alles hier einen ganz anderen Hintergrund. Beim Schwarzen Mann handelt es sich um eine Erhebung von 697,8 Metern bei Buchet nahe Bleialf (Eifelkreis Bitburg-Prüm) in der Schneifel, 14 Kilometer westlich von Prüm. Vielen

Schneesicheres Gebiet am Schwarzen Mann.

dürfte aus den Kindertagen auch noch ein »schwarzer Mann« in Erinnerung sein, wenn diese imaginäre Person bei Ungehorsam von den Eltern als »Erziehungshilfe« herangezogen wurde. Dieses Beispiel steht hier keinesfalls in Verbindung mit der Bezeichnung in der Schneifel. Vielmehr rührt diese einprägsame Benennung von dem Aussehen der Bergleute her. Wenn diese nach vollbrachter, schwerer Arbeit die Erzstollen in der Gegend um Prüm verließen, fielen sie durch ihre staubigen, schwarzen Gesichter auf. Ein Name aufgrund des Aussehens war entstanden.

Nun einmal kurz zurück zum Begriff »Schneifel«. Die Vermutung liegt nahe, dass diese regionale Namensgebung tatsächlich etwas mit dem Schnee in der Eifel zu tun hat, was bei dieser Lage auch verständlich wäre. Hier liegt jedoch im früheren Sprachgebrauch der Region der Begriff »Schneise« zugrunde. Tatsächlich verlief ein derartiger Kahlschlag über den hier behandelten Höhenzug. Während der Preußenzeit erfolgte eine Eindeutschung, so dass schließlich daraus »Schnee-Eifel«, später dann »Schneifel« wurde.

Während im Sommer das Gebiet um den Schwarzen Mann als beliebtes und erholsames Wandergebiet mit dichtem Waldbestand viele Wanderer anlockt, wandelt sich diese Gegend im Winter zu einem Paradies für Skisportler und Rodler. Auch viele »Sommerwanderer« kehren in der kalten und klaren Jahreszeit hierhin zurück und genießen die Landschaft in ihrem weißen Winterkleid.

Durch das sogenannte Kleinklima bedingt, sehr schneesicher, stehen den Sportbegeisterten während der Wintersaison am Schwarzen Mann zwei gewalzte Alpin-Pisten von jeweils 700 und 800 Metern zur Verfügung. Auf einer 450 Meter langen Rodelbahn kann die Abfahrt zur Freude der Kinder schon mal etwas länger dauern. Aber keine Sorge, auch für den komfortablen und kräfteschonenden Rückweg ist gesorgt. Gleich zwei Ski-Schlepplifte und ein Rodelschlepplift bringen die großen und kleinen Sportler wieder zu ihren Ausgangspunkten zurück. Ohne großen Zeitverlust durch den eigenen Aufstieg, kann schon wieder die nächste Abfahrt durch den knirschenden Schnee beginnen.

▸ *Die Ruhe des Winters bei Daun.*

Wer keinen Wert auf Geschwindigkeit in Form von sportlich-alpinen Betätigungen legt, dem werden drei gespurte Langlaufloipen von einer Gesamtlänge von 18 Kilometern »unter die Bretter« gelegt. Dank der hervorragenden Ausschilderung ist die Rückkehr problemlos, ein Verirren unmöglich, wenn man der Spur treu bleibt. Wer keine Skier oder Rodelschlitten besitzt, leiht sich für das Vergnügen das entsprechende Sportgerät vor Ort aus. Auch für das leibliche Wohl hat der Schwarze Mann im weißen Anzug gesorgt. In einem Gästeblockhaus werden Speisen und Getränke angeboten, und für ganz Verfrorene findet sich bestimmt auch ein warmes Eckchen, bis es wieder nach draußen geht.

Nur 3 Kilometer nordöstlich von Prüm entfernt erstreckt sich das Skigebiet »Wolfsschlucht«, das mit 570 Meter ü. NN auch mit der gleichen Schneesicherheit wie rund um den Schwarzen Mann dienen kann.

Eine Abfahrtspiste von 300 Metern, Schlepplift und die Möglichkeit zum Rodeln sind ebenso vorhanden wie vorbereitete Langlaufloipen.

Skivergnügen am Mäuseberg

Auch in etwas »tieferen« Lagen erlaubt die Eifel den Wintersport. Mit Schlepplift und Skihütte ausgestattet, ergeben sich bei entsprechenden Schneevoraussetzungen gute Wintersportmöglichkeiten am Mäuseberg bei Daun, oberhalb des Gemündener Maares. Bei einer Pistenlänge von 450 Metern und einem Höhenunterschied von 90 Metern können die Bretter schon mal Fahrt aufnehmen, ebenso wie die Rodelschlitten, für die neben der Skipiste eine eigene Abfahrtsstrecke besteht.

Bei Daun-Waldkönigen hält der Ski-Langlaufverein Ernstberg drei Loipen von unterschiedlichen Längen und Schwierigkeitsgraden bereit. Zwischen »leicht« über 750 Metern, »mittelschwer« mit einer Länge von 2 700 Metern und »schwer« mit 2 200 Metern kann der Skiwanderer nach seinem Können und der Kondition auswählen.

Und nun noch etwas ganz Besonderes: Weil bei winterlichen Wetterbedingungen Fahrräder meistens nicht gebraucht

werden, wird der Maare-Mosel-Radweg auf der *Eifelwinter bei Daun.*
Strecke zwischen Daun und Gillenfeld einfach
zur Langlaufloipe umfunktioniert. Wer als besonders Hartgesottener zu dieser Zeit dennoch mit seinem
Fahrrad hier erscheint, wird sich einen anderen Weg für seine
Aktivitäten und sein Weiterkommen suchen müssen. Die Skisportler haben im Winter auf diesem Abschnitt Vorrang.

Von Schwarz zu Weiß

Begeben wir uns bei der Suche nach Wintersportmöglichkeiten etwas weiter in nordwestlicher Richtung, erreichen wir
die Gemeinde Hellenthal mit den beiden über die Grenzen hinaus bekannten Wintersportgebieten Udenbreth und Holle-

rath. Herausragend ist hier die Erhebung Weißer Stein mit der beachtlichen Höhe von 690 Metern ü. NN. Auf einer 550 Meter langen Abfahrtspiste messen sich die Alpinsportler, und die Rodelbahn begeistert diejenigen, die bei der Abfahrt durch die kalte, klare Winterluft lieber sicher sitzen wollen. Bequeme Rückkehrerleichterungen zum Startplatz garantieren jeweils ein Schlepp- und ein Rodellift. Langlaufloipen von 6,3 Kilometern Länge und eine Skihütte runden das Wintersportvergnügen auch hier ab.

Auf zum höchsten Berg der Eifel

Die Hohe Acht mit ihren 747 Metern Höhe darf natürlich im Reigen der Wintersportanbieter in der Eifel nicht nachstehen. Während zu anderen Jahreszeiten auf dem Nürburgring Hochsaison herrscht, Reifen quietschen und Motoren aufheulen, gleiten jetzt nicht weit entfernt davon Bretter und Kufen mit ihrem typischen, leisen Rauschen durch den Schnee. Alle Disziplinen des Wintersports können hier natürlich von Jung bis Alt ausgeübt werden.

Jammelshofen ist ein sehr beliebter Treffpunkt, denn die Lage macht es möglich: raus aus dem Auto, Skier untergeschnallt und ab geht die Fahrt! Ein unvergessliches Erlebnis wird in diesem Gebiet Winterwanderern zuteil. Sie können auf verschiedenen Wegen durch die verschneiten Wälder den höchsten Punkt der Eifel erreichen. Ganz oben werden sie mit einem unvergesslichen Fernblick vom Kaiser-Wilhelm-Turm belohnt. Die weiße Eifellandschaft liegt ihnen zu Füßen. Auf der obersten Plattform steht der Betrachter immerhin 16 Meter über dem höchsten Punkt der Eifel.

▶ Die Hohe Acht im Winterkleid.

Die Rückeroberung der Wildnis

Der Nationalpark Eifel

WWW – diese drei Buchstaben kennt heute jeder aus dem täglichen Leben. Groß und Klein wissen sofort, was damit gemeint ist. Aber in diesem Zusammenhang steht ausnahmsweise einmal nicht das Internet im Vordergrund. Diese drei Buchstaben sind die Grundpfeiler und der Hauptgedanke eines Projekts in der Nordeifel, damit die Natur wieder sie selbst sein kann. **Wald, Wasser** und **Wildnis** stehen hier an erster Stelle. In gegenseitiger Ergänzung soll ein Gebiet zurückgewonnen und wieder zu dem werden, was es einmal war, bevor der Mensch dort seinen Einfluss genommen hat: der Nationalpark Eifel.

Mit seinem 10 700 Hektar großen Gebiet liegt er zwischen Nideggen im Norden, Gemünd im Süden und der belgischen Grenze im Südwesten. Das ganze Gebiet grenzt im Nordwesten an den Rurstausee. Mitten darin liegen die Urfttalsperre und der ehemalige Truppenübungsplatz Vogelsang. Die NS-Ordensburg ist davon ausgenommen.

Seit 2004 stehen in dem Areal, das auf nordrhein-westfälischem Boden liegt, Wald, Wiesen und Gewässer unter Schutz. Es soll dort der Mensch auf die Nutzung von Holz, pflegerischem Eingreifen, Ernten von Früchten, wie Beeren oder Pilzen, und anderen Gaben der Natur verzichten. Diese wird wieder sich selbst überlassen, um sich so gestalten zu können, wie sie früher einmal war. Schließlich ist sie auch ohne menschlichen Eingriff in Tausenden von Jahren immer zurechtgekommen. Nicht jeder umgestürzte Baum soll gleich zersägt und abtransportiert werden, um ein positives, sauberes und korrektes Erscheinungsbild bei Besuchern abzugeben. Offenbar wurde in der Vergangenheit zu wenig darauf geachtet, dass auch sogenanntes Totholz einen wichtigen Lebens- und Nahrungsraum sowie Unterschlupf für zahl-

◀ Blick über die Dreiborner Hochfläche von Wollseifen zur Urfttalsperre, am Horizont die ehemalige NS-Ordensburg Vogelsang und der Kermeter-Hochwald.

reiche Tier- und Insektenarten bildet. Neben neunhundert gefährdeten Tier- und Pflanzenarten der Roten Liste wurden bereits 1 300 verschiedene Käfergattungen in diesem Nationalpark entdeckt. Insofern ist der Ruf nach einer Ordnung, die bestimmt nicht im Sinne der Natur ist, hier nicht gefragt. Diese wird sich in den kommenden Jahren wieder selbst orientieren, so wie sie es allein für »richtig hält«.

Flora und Fauna werden ihren freien, ungehinderten Lauf in den Jahreszeiten einnehmen. Selbst wenn ihnen einst Grundlagen ihres Lebens- und Rückzugsraumes genommen wurden, werden sie eines Tages zurückgekehrt sein.

Nach der Empfehlung der Weltnaturschutzunion (IUCN) soll im Jahr 2034 mindestens Dreiviertel der Gesamtfläche des Nationalparks Eifel der Natur zurückgegeben worden sein. Die Verwirklichung dieser Planung erstreckt sich über einen Zeitraum von zwanzig Jahren nach Gründung des Parks im Jahr 2014. Die bisherigen Erfahrungen, Beobachtungen und Ergebnisse zeigen, dass man sich auf einem sehr guten, erfreulichen und vielversprechenden Weg dorthin befindet und dieses Ziel ganz gewiss erreichen wird.

Vor 1 500 Jahren waren die überwiegenden Teile Mitteleuropas mit Buchenwäldern bedeckt. Heute nimmt diese Baumart nur noch 15 % der Waldfläche in Deutschland ein. Dadurch wird in erschreckender Weise deutlich, in welch umfassender Form der Mensch in der Vergangenheit in diesem Bereich negativ eingewirkt hat. Insbesondere durch die Gewinnung von Holzkohle für die aufstrebende Industrialisierung Anfang des 19. Jahrhunderts waren große Flächen der Eifel kahl und waldfrei geworden. Jetzt kommt es umso mehr darauf an, den noch vorhandenen Buchenbestand dringend zu schützen und die Aufforstung auf ein gewünschtes Maß voranzutreiben. Dies ist für die Buche im Nationalpark Eifel jedenfalls sichergestellt.

Ein starker und gesunder Buchenwald bringt natürlich auch einer Vielzahl von anderen Pflanzengruppen und Tierarten einen großen Nutzen. Er fördert ein gedeihliches Miteinander sowie die Ergänzung eines gemeinsamen Lebensraumes. Es ist erwiesen, dass von einer intakten und gesunden Flora auch jegliches tierisches Leben seinen positiven Nutzen zieht.

Der gesamte Nationalpark ist mit einem Wegesystem von 240 Kilometern Länge ausgestattet. Radsportlern stehen davon 104 und Reitern 65 Kilometer zur Verfügung. Selbst Skilangläufer kommen im Winter auf einer 5 Kilometer langen, gespurten Loipe auf ihre Kosten. Die Ausschilderungen gewährleisten eine gute Orientierung.

Es existieren fünf sogenannte Nationalpark-Tore. An diesen Informationsstellen erhalten die Besucher umfassende Einblicke und erfahren Wissenswertes über den Park. Unterschiedliche Ausstellungen in jedem dieser Häuser vermitteln schwerpunktbezogene Fakten zum Thema Nationalpark.

Die Nationalpark-Tore befinden sich in Simmerath-Rurberg, Gemünd, Heimbach, Monschau-Höfen und Nideggen. Von diesen Punkten kann der Park nach wenigen Schritten erreicht und die Wanderung begonnen werden. Wegen der unterschiedlich dargestellten Themen in den Infohäusern wird empfohlen, bei mehrmaligen Besuchen des Nationalparks immer ein anderes Tor als Startpunkt auszuwählen.

Wer seine Erkundungswanderung nicht selbstständig durchführen möchte, kann sich einem der orts- und sachkundigen Ranger anschließen.

O schaurig ist's übers Moor zu gehn

In der Eifel existieren weitere kleinere Naturparks, in denen neben der Tier- und Pflanzenwelt auch die landschaftlichen und geologischen Besonderheiten im Mittelpunkt stehen.

Nicht weit entfernt vom Nationalpark Eifel erhebt sich schildförmig die Hochfläche des Hohen Venns mit einer Ausdehnung von 600 Quadratkilometern im Bereich Deutschland und Belgien. Die Abgrenzungen liegen im Norden zwischen Schevenhütte und im Osten bei Großhau, ferner bei Spa im Westen und Malmedy im Süden. Im deutschsprachigen Venngebiet zählen hierzu die Orte Monschau, Simmerath, Roetgen, Hürtgenwald und Langerwehe. Während 133 Quadratkilometer auf deutschen Boden entfallen und zu dem Bundesland Nordrhein-Westfalen gehören, stehen im grenzüberschreitenden Belgien 4 500 Hektar Vennfläche unter Schutz. In der

Gesamtfläche von 2700 Quadratkilometern ergibt sich der Deutsch-Belgische Naturpark Hohes Venn – Eifel. Dort erstreckt sich eine fast unberührte Hochmoorlandschaft, die als einzigartig in ganz Europa gilt. Der Aufbau und die Entwicklung dieser Hochfläche begannen nach der letzten Eiszeit vor 7500 Jahren. Grundlage und Voraussetzung hierzu waren die 500 Millionen Jahre alten wassersperrenden Tonschieferschichten im Untergrund. Bedauerlicherweise ist von dem ehemals 1000 Hektar Hochmoor im Laufe der Zeit nur noch ein Drittel übrig geblieben. Durch den Torfabbau, Trockenlegungen und Anpflanzungen, überwiegend Fichten, gingen zwei Drittel der reizvollen Landschaft verloren. Darum ist es nun dringend geboten, das Vorhandene streng zu schützen und eine weitere Reduzierung zu verhindern.

Als natürlicher, umfangreicher Wasserspeicher erweist sich das Hohe Venn als »Nahrungsspender« einiger Flüsse. Beispielsweise speist es die Rur, die Olef, die Warche oder Schwalm, um nur einige der bekanntesten Wasserläufe zu nennen.

Als besonders eindrucksvoller Moment erweist es sich, wenn sich die Moorhochfläche nach dem Verlassen des Baumbestandes am Rand vor dem Betrachter öffnet. Da erstreckt sich mit einem Male die weitreichende, naturbelassene Landschaft, bewachsen mit der typischen Torfheide, dem Pfeifen- und Wollgras. Je nach Jahreszeit präsentiert sich diese Flora in einem abwechslungsreichen Farbenspiel. Anspruchslose Moorbirken hier und da, denen Wind und Wetter bizarre Formen gegeben haben, aber auch kräftige Ebereschen unterbrechen die monoton-bedächtig erscheinende Moorlandschaft. Und wabern im Herbst erst einmal die Nebelschwaden über den Boden und gluckst das Wasser bei jedem Schritt unter dem Holzweg, kommt mit etwas Fantasie das Gefühl auf, dass da vorn oder dort hinten der Geist eines im Moor versunkenen Menschen umherwandert. Einfach schaurig schön, wer es mag!

Um die Unberührtheit dieser Naturattraktion zu bewahren, darf nicht das gesamte Gebiet der Moorlandschaft betreten werden. Deshalb wurden bestimmte Schutzzonen eingerichtet und strenge, unbedingt einzuhaltende Regeln für deren Nutzung festgelegt.

▸ *Knüppelpfad am Struffelt im Hohen Venn.*

Die Zone A darf jederzeit frei betreten werden. In der Zone B sind unbedingt die markierten Wege einzuhalten. Hunde, selbst wenn sie angeleint geführt werden, dürfen auch auf den freigegebenen Wegen nicht mitgeführt werden. Bei der Zone C besteht die erste strengere Einschränkung, denn dieser Bereich ist nur in Begleitung eines anerkannten Naturführers begehbar. Weitere Informationen darüber bekommt man im belgischen Naturparkzentrum Botrange.

Die Zone D ist vollkommen gesperrt und darf nicht aufgesucht werden. Rote, dreieckige Fahnen weisen die Besucher auf Sperrungen und Gefahren hin.

Es ist wirklich sehr wichtig, dass sich jeder an die vorgegebenen Regeln hält und mit dazu beiträgt, diese Moorlandschaft mit ihrer jahreszeitlich unterschiedlichen Flora zu erhalten.

Die Faszination dieser atemberaubenden und seltenen Natur- und Kulturlandschaft mit einem Hauch von Mystik und Geheimnissen hat bereits in früheren Zeiten Lyriker begeistert. Sie griffen zur Feder und brachten ihre Eindrücke gekonnt und einprägsam zu Papier.

Clara Viebig (1860–1952) widmete folgende Hommage an das Venn:

> Ernst ist das Venn,
> und die es nicht genau kennen,
> nennen es trostlos.
> Wer es aber kennt,
> wird von ihm ergriffen
> und kommt von dieser herb-schönen Landschaft
> nicht mehr los,
> der folgt immer wieder neu
> dem Lockruf des Venns.

In diesen Worten spiegelt sich eine tiefe Liebe zu einer Landschaft wider, die man wirklich mit ihren Besonderheiten kennen muss, um sie zu verstehen und ihren Lockruf immer zu hören und dorthin zurückzukehren.

Auch Ludwig Mathar (1882–1958) war angetan von der bezaubernden, fast schon verzaubernden Ausstrahlung des Venns, als er bekannte:

Ich muss noch einmal ins Venn.
Ich muss noch einmal in dieser wilden,
weiten Einsamkeit versinken.
Ich will noch einmal ganz mit mir alleine sein.

Mathar wurde übrigens nicht weit entfernt in Monschau geboren.

Die wohl bekanntesten in Verse gefassten Worte stammen von Annette von Droste-Hülshoff (1797–1848), wobei es fraglich ist, ob sie dabei gerade das Hohe Venn vor Augen hatte. Allerdings kann diese Beschreibung auf jedes Moor zutreffen:

O schaurig ist's übers Moor zu gehn,
wenn es wimmelt von Heiderauche,
sich wie Phantome die Dünste drehn,
und die Ranke häkelt am Strauche,
unter jedem Tritte ein Quellchen springt,
wenn aus der Spalte es zischt und singt.
O, schaurig ist's übers Moor zu gehen,
wenn das Röhricht knistert im Hauche!

Wenn jemand das Moor im Hohen Venn aufmerksam erlebt hat, wird er diese Worte und Einschätzung bestätigen können.

Im Hohen Venn fallen zahlreiche Gedenkkreuze aus Holz oder Stein auf. Sie sollen als Mahnung an die Nachwelt dienen oder das Andenken verstorbener Menschen aufrechterhalten. Die unterschiedlichsten Ereignisse veranlassten das Aufstellen dieser Kreuze. Die Einsamkeit des Moors und das Fehlen von Zeugen boten sich als geeignete Kulisse an, einen unliebsamen Zeitgenossen aus der Welt zu schaffen. Die sogenannten Mordkreuze erinnern heute noch daran. Aber auch Unglücksfälle, die bei der Arbeit geschahen, veranlassten die Hinterbliebenen, der Verstorbenen an diesen Stellen zu gedenken.

Auffallend ist eine Vielzahl von Kreuzen, deren Inschrift aussagt, dass an dieser Stelle ein Mensch durch einen Blitzschlag zu Tode gekommen sei. Vielleicht war die Nässe des Untergrundes im Moor daran beteiligt, Blitze anzuziehen und ihnen eine ideale Leitfähigkeit zu geben. Zudem konnte die

Weitläufigkeit des Geländes keinen effektiven Schutz vor Gewitter und Blitzen gewähren. Die Theorie, bei Gewitter »Eichen zu weichen und Buchen zu suchen«, ist schon lange durch die Wissenschaft widerlegt. Die Form der Wurzel eines Baumes (Pfahl- oder Flachwurzel) steht in keinem Zusammenhang mit einem Blitzeinschlag. Der beste Schutz vor einem Gewitter und Blitzeinschlägen ist immer noch ein festes Gebäude. Daran fehlte es im Moor.

Das Monschauer Heckenland

Das Hohe Venn zeigt auch klimatisch eine Besonderheit. Die Hochebene mit nur sanften, nahezu waldlosen Höhen und Senken bietet besonders im östlichen Venn dem Wind ein besonderes Spielfeld. Nahezu ungehindert fegt er von Westen her über das Land und trifft mit seiner Kraft auf die vereinzelt liegenden Bauernhäuser. Die frostigen Temperaturen im Winter fühlen sich dadurch noch extremer an.

Aber die dort lebenden Menschen wussten sich wieder einmal zu helfen. Bereits Ende des 17. Jahrhunderts pflanzten sie an den windzugewandten Seiten der Häuser Rotbuchen-Hausschutzhecken, die dem Wind vor dem endgültigen Erreichen der Häuser seine Kraft brechen sollten. Im Laufe der Zeit wuchsen die Hecken bis zu 10 Meter hoch, so dass sie sogar manche Häuser noch überragen. Natürlich bedürfen die Hecken nach wie vor einer ständigen Pflege. Am wichtigsten ist der regelmäßige Schnitt, um Ausmaß und Form zu erhalten.

Eine besondere Durchflechtungstechnik vermittelt zudem eine konstante Stabilität, die nahezu einer Mauer gleicht und dennoch den Kräften des Windes flexibel entgegenwirkt. Bei manchen Häusern werden auch die anderen Seiten durch die Hecken geschützt. Dann ergibt sich schnell eine Gesamtlänge von 30 bis 40 Metern. Die Einfahrten zu den Häusern und Höfen wurden wie Scheunentore in Form eines Rundbogens oben ausgespart und vervollständigen das gesamte Naturbauwerk.

◥ Blick vom Hofraum eines Hauses in Richtung Hecke.
▶ Dicht, stabil und höher als Mauern: die Buchenhecken in Monschau-Höfen.

Das Spiegelbild der Burg Olbrück im Rodder Maar.

Bei der hier genutzten Buchenart verbleibt das Herbst-laub so lange an den Ästen, bis im nächsten Frühjahr der neue Austrieb die alten Blätter abfallen lässt und zeitlich lückenlos ersetzt. So ist der ganzjährige Schutz gewährleistet. Selbst sehr starker Wind ist nicht in der Lage, das Winterlaub zu entfernen.

Heute sind die meisten Buchenhecken bis zu dreihundert Jahre alt. Die Besitzer sind nicht nur stolz, sondern auch darauf bedacht, diese zu pflegen und auch noch für nachfolgende Generationen zu erhalten.

Nicht so hoch wie die Hausschutzhecken sind die Flurhecken, die landwirtschaftliche Flächen vor Erosion schützen. Gleichzeitig dienen sie als Abgrenzung und hindern das Vieh am Verlassen ihrer Parzelle.

Auf einer Fläche von 94 Quadratkilometern wird das Monschauer Heckenland um Monschau als Kulturlandschaft ausgewiesen. Um Monschau-Höfen existiert sogar ein Wanderweg, der 5 Kilometer lange Höfener Heckenweg. Auf diesem kann der Nutzer an zehn Infostationen mehr über die »Heckenarchitektur« dieser Gegend erfahren.

Noch einmal zurück zu Clara Viebig, die sich auch mit der Situation auf den Vennhöhen beschäftigte und diese folgendermaßen beschrieben hat:

> Das Venndorf ist ungesellig. Kein Haus lehnt sich ans andere an. Verstreut liegen die Gehöfte, jedes für sich, auf Rufweite voneinander geschieden.
>
> Und um jedes Haus herum ragt die hohe Hainbuchhecke, dieser Stolz des Besitzers, dieser Schutz gegen Sturm, dieser Wall gegen Schnee, diese Mauer gegen die Welt da draußen ...

Ein »neues Maar« – handgemacht

Die Gründung der Burg Olbrück im oberen Brohltal (siehe Abb. S. 238–239) war noch lange nicht in Sicht, als vor ca. 100 000 Jahren in heutiger Sichtweite zu dieser Burg ein trichterförmiger Kessel entstand. Es ist nicht geklärt, ob er vulkanischen Ursprungs ist, was in dieser Gegend allerdings nicht ausgeschlossen werden kann. Ein Meteoriteneinschlag scheint da weniger wahrscheinlich.

Im Laufe der Zeit verdichtete sich der Untergrund dieses Kessels so, dass er undurchlässig wurde und sich mit Wasser füllte. Während der Herrschaft Olbrück bis 1794 und danach bis etwa 1 800 nutzten die Menschen dieses ruhige, stehende Gewässer, um sich aus dem dortigen Fischvorkommen zu versorgen. Um später mehr landwirtschaftliche Flächen zu schaffen, wurde das Wasser mehrfach abgelassen. In den 1960er Jahren wurde der Bereich sogar mit Fichten aufgeforstet. Durch diese Schatteneinwirkung wurde der Untergrund allerdings infolge von Versauerung immer schlechter. Heimische Fauna und Flora kamen nach und nach zum Erliegen.

Um weitere negative Folgen zu verhindern, sollte der ursprüngliche Zustand, der über Jahrhunderte geherrscht hatte, wiederhergestellt werden. Bei den zahlreichen zu beteiligenden Stellen war man sich bald einig, dieses Projekt zum Wohle der Natur durchzuführen.

In den Jahren 1996/97 wurde der größte Teil der Fichten entfernt. Der Weg war geebnet, dem Maar sein ursprüngliches Gesicht wiederzugeben.

Der niederschlagsreiche Herbst und Winter 1999 brachten die Vollendung und füllten den sorgfältig vorbereiteten Kessel mit Wasser.

Das Rodder Maar weist heute eine Wasserfläche von 5 bis 6 Hektar auf. Ein besonderes Fotomotiv bietet die Spiegelung der Burg Olbrück auf der Wasseroberfläche. Nach der Umwanderung der Wasserfläche auf einem Rundweg hat man 2,7 Kilometer zurückgelegt.

Wanderer in einem dichten Netz

Auf Traumpfaden die Eifellandschaft erkunden

Die Eifellandschaft mit ihrer unermesslichen Vielfalt an Sehenswürdigkeiten bietet sich an, sie zu durchwandern und mit eigenem Auge alles zu erkunden und wahrzunehmen. Das Wandern ist die einzige Möglichkeit, sich überall anzunähern und zu entscheiden, wie lange man verweilen möchte. Auch an adäquaten Unterkünften fehlt es in der Eifel nicht, wenn eine Wanderung am nächsten Tag fortgesetzt werden soll.

Die Wanderwege in der Eifel zeichnen sich dadurch aus, dass sie gut gekennzeichnet sind. Jeder Weg ist mit seinem einmaligen, unverkennbaren und themenbezogenen Symbol versehen. Ein Großteil der Wanderwege wird vom Eifelverein in seinem namensbezogenen Zuständigkeitsbereich ausgeschildert. Außerdem wird von diesem ihre Pflege und Wiederherstellung z. B. nach Unwettern betrieben, um ein gefahrloses, Freude und Erholung bringendes Wandern zu gewährleisten.

An dieser Stelle ist es an der Zeit, den Eifelverein einmal kurz vorstellen. Seine Anfänge liegen weit zurück. Als die Eifelbewohner noch unbeachtet, ohne Anschluss an den aufstrebenden Fortschritt in ihren Dörfern oder Einzelgehöften lebten, dachte der Gymnasiallehrer Adolf Dronke an die Gründung einer Vereinigung, um diesbezüglich Abhilfe zu schaffen. Seine Absicht war es, diese Landschaft mit ihren benachteiligten Menschen »nach vorne« zu bringen. Sie sollten an das normale wirtschaftliche Leben angebunden werden, daran teilhaben können. Dronke traf sich daher mit einer Schar Gleichgesinnter am 22. Mai 1888 in Bad Bertrich. Dort wurde noch am gleichen Abend der Eifelverein gegründet. Die Zielsetzung war und ist unverändert, sich für eine umwelt-, sozialfreundliche- und wirtschaftliche Entwicklung der Eifel stark zu machen. Dabei bleibt unverändert im Vordergrund der

▸ *Im Wammesbachtal zwischen Alendorf und Wiesbaum.*

Schutz der Natur. Das Interesse an der Zielsetzung war so groß, dass noch im gleichen Jahr 24 Ortsgruppen des Eifelvereins über die ganze Eifel verteilt entstanden.

Als Andenken an den Gründungsvater des Eifelvereins wurde 1900 in zweijähriger Bauzeit ein freistehender Turm auf dem 561 Meter hohen Mäuseberg über dem Gemündener Maar errichtet. Der 10,5 Meter hohe, unter Denkmalschutz stehende Turm ist nach Adolf Dronke benannt.

In der Eifel existieren heute 15 Hauptwanderwege mit einer Gesamtlänge von 3 000 Kilometern. Um diese Strecken einprägsamer zu gestalten, wurde 1993 damit begonnen, ihnen Eigennamen zuzuteilen. Diese beziehen sich auf Persönlichkeiten des Eifelvereins oder den landschaftlichen Abschnitt, auf dem der Weg verläuft, wie beispielsweise beim Karl-Kaufmann-Weg, dem Ahrtal-Weg oder dem Ardennen-Eifel-Rundweg.

Neben den Hauptwanderwegen kommen weitere 6 000 Kilometer örtliche Wanderwege hinzu, die von den einzelnen Ortsgruppen überwacht und gewartet werden. Dazu gehören die Kontrollen der Markierungen und das Aufstellen oder Austauschen von Sitzbänken nach Beschädigungen. Zudem gehört zu dem Aufgabengebiet die Errichtung von Schutzhütten und Querungen von kleineren Wasserläufen. So kommen rund 9 000 Kilometer Wanderwege in der Eifel zusammen, also ein dichtes Netz, welches ermöglicht, die Eifel den Einheimischen und Auswärtigen näherzubringen und vertrauter zu machen.

Seit 2009 verfügt die Eifel über den Premiumwanderweg Eifelsteig. Drei Jahre zuvor wurde mit der Verwirklichung dieses Projekts begonnen. Das war nicht vom Schreibtisch aus zu bewältigen. Ein hartes Stück Arbeit in freier Natur stand bevor. Die Qualitätskriterien, eine Norm für Premiumwanderwege des Deutschen Wandersiegels, haben es in sich und verfolgen mit ihrer Gradlinigkeit auch ein Wiedererkennungsmerkmal. Das ist auch richtig so, denn zum Schluss soll den Wanderern und der Region etwas wirklich Besonderes geboten werden.

Rund 1 600 Kilometer potenzielle Wanderwege mussten vor Ort geprüft werden, ob sie den strengen Vorgaben entsprachen. Heute bilden 313 Kilometer von Kornelimünster bis Trier den Eifelsteig.

Der Nutzer dieser empfehlenswerten Hauptwander-Ader durch die Eifel kann sich darauf verlassen, dass alles, was wichtig und sehenswert ist, von autorisierter Seite geprüft wurde und jetzt präsentiert wird. Zahlreiche Wanderer werden bestätigen, dass das Ziel erreicht wurde.

Bei der Betrachtung der Kriterien des Wanderverbandes wird deutlich, dass diese nicht nur das Wandern selbst betreffen, sondern auch alles, was dazu gehört. Der 34-Punkte-Katalog beruht auf einer repräsentativen Umfrage, hauptsächlich unter Menschen, die eng mit dem Wandern verbunden sind und die Kriterien selbst am besten objektiv beurteilen können.

Einige der Punkte darf ich hier einmal aufführen und bin mir sicher, ins Schwarze zu treffen. So ist Voraussetzung, dass genügend Rastmöglichkeiten mit Bänken angeboten werden. Wenn diese Stellen dann auch noch beim Butterbrotverzehr eine schöne Aussicht bieten, ist doch schon ein nächster Punkt erfüllt. Natürlich dürfen auch die Markierungen der Wege und die Orientierung durch Hinweistafeln nicht fehlen. Nichts ist lästiger, aus seinem gleichmäßigen Wanderschritt herauszukommen, um in einer Wanderkarte nach dem richtigen Weg zu suchen. Ein weiteres Kriterium ist der bequeme Pfadcharakter des Weges. Möglichst soll er nicht neben einer viel befahrenen Straße entlangführen. Die Ruhe der Natur ist Bestandteil eines angenehmen und erholsamen Wandererlebnisses. Natürlich wird das nicht immer erfüllbar sein, denn wegen eines Wanderweges werden keine Straßen verlegt.

Neben der körperlichen Ertüchtigung durch das Wandern darf das kulturelle Angebot nicht vernachlässigt werden. Schließlich bietet die Eifel eine geballte Vielfalt an kulturellen Sehenswürdigkeiten, wie Burgen und Schlösser, historische und malerische Stadtkerne oder atemberaubende Aussichtspunkte, bei denen sich Unterbrechungen immer lohnen.

Die Gesamtstrecke des Eifelsteigs ist in 15 Etappen aufgeteilt. Die kürzeste weist 14 Kilometer auf, die längste 29. Auf der Gesamtstrecke überwindet der Wanderer insgesamt 15 758 Höhenmeter, wovon bei Aufstiegen 7 745 und Abstiegen 8 013 Meter zustande kommen. Der höchste Punkt des Eifelsteigs ist der Steling im Hohen Venn mit 658 Metern.

Vom richtigen Weg abkommen wird keiner, denn 1 359 Schilder und Markierungspfosten sorgen für eine eindeutige Orientierung.

Besonders beliebt sind sogenannte Erlebnisschleifen, die auch vom Eifelsteig abzweigen. Dabei besteht zusätzlich die Möglichkeit, rechts und links dieses Premiumwanderweges eine andere abwechslungsreiche Landschaft zu erwandern. Die Rur-Olef-Route, die von Gemünd über Hellenthal bis Einruhr führt, gilt als eine der attraktivsten davon. Nahezu alle Besonderheiten und Schönheiten der Natur werden dem Interessierten auf einer Strecke von überschaubaren 30 Kilometern sozusagen auf kleinstem Raum präsentiert. Ein ständiger Wechsel zwischen Wiesen, Wäldern, Wildbächen, Felspassagen, beeindruckenden Offenlandschaften und den bewaldeten Höhen des Nationalparks Eifel garantieren ein unvergessliches Erlebnis. Der Gedanke an eine Wiederholung bleibt im Gedächtnis, ist sogar erwünscht.

Träume von Pfaden – die »Traumpfade«

Wegen der flächendeckenden, vielseitigen Angebote in der Eifel entstanden in den vergangenen Jahren, der traumhaften Landschaft gerecht werdend, eine Vielzahl von »Traumpfaden«. Diese machen sich die örtlichen Gegebenheiten, Sehenswürdigkeiten und Besonderheiten zum Thema.

Im Vergleich zu den Fernwanderwegen sind die Strecken der »Traumpfade« kürzer. Sie können als Eintagestouren für Touristen, denen nur eine kurze Verweildauer in der Eifel vergönnt ist, genutzt werden. Als Beispiel darf ich hier die »Kupferroute« (Umgebung Stolberg) anführen mit einer Länge von 15,5 Kilometern, 4,5 Stunden Wanderzeit und einem mittleren Schwierigkeitsgrad.

Im Frühjahr für jeden Blumenfreund unbedingt erstrebenswert ist die »Narzissenroute« (Höfen). Das Meer der gelben, zu den Amaryllisgewächsen gehörenden Blüten scheint nicht zu enden. Mit 11,8 Kilometern Länge und einer veranschlagten Zeit von drei Stunden eignet sich dieser leichte

▸ *Viele kennen sie nur aus Gärten: Narzissen, hier in freier Natur.*

Weg für einen Sonntagsspaziergang mit der ganzen Familie. Um nicht enttäuscht zu werden, falls bei Ankunft die Narzissenfelder noch nicht blühen oder die Blüte bereits beendet sein sollte, ist es ratsam, sich vorher über den aktuellen Stand der Natur zu erkundigen. In der etwas raueren Nordeifel kann diese Phase im Vergleich zu anderen Gebieten später einsetzen, vielleicht aber auch schon abgeschlossen sein.

Und noch ein Netz ...

War in diesem Kapitel zunächst nur die Rede von dem dichten Wanderwegenetz in der Eifel, können wir uns weiterer interessanter Strecken bedienen. Diesmal benutzen wir ein Fahrrad. Diese Fortbewegungsart erfreut sich seit geraumer Zeit wieder großer Beliebtheit. Offenbar haben viele Menschen festgestellt, dass es auch noch die andere Art des »Erlebens« und im friedlichen Sinne »Eroberns« einer Landschaft gibt. Der Vorteil dabei ist, dass man dabei sogar sitzen kann und schneller vorankommt. Daher kann noch mehr Sehenswertes erfasst werden. Auch die Gesundheit und der Umweltschutz kommen bei dieser Möglichkeit des Fortkommens nicht zu kurz. Selbst Schieben ist keine Schande, wenn es mal etwas steiler werden sollte. Diese Überlegungen waren ausschlaggebend, für die Radler in der Eifel einiges zu tun. Hilfreich bei den Planungen waren vielerorts über lange Strecken hinweg die stillgelegten Bahntrassen, die bislang keine sinnvolle Nutzung mehr fanden. Diese boten sich an, sie auszubauen und den Radwanderern verkehrssicher zur Verfügung zu stellen. Weil keine neuen Schneisen und Breschen in die Landschaft geschlagen werden mussten, konnten Umwelt und Natur geschont werden. Lediglich der über Jahre hinweg entstandene Wildwuchs musste entfernt werden. Die schienenlosen Trassen erwiesen sich immer noch als solide, Tunnel und Viadukte vielleicht hier oder da etwas reparaturbedürftig. Bei der steigenden Zahl der Radfahrer war es wichtig, für diese sichere Fahrwege zu finden. Abgetrennt vom Autostraßenverkehr können diese Wege unbesorgt auch von Familien mit Kindern genutzt werden. Wo früher

die dampfenden Ungetüme schnauften, können die Radfahrer ruhig durchatmen und die
gesunde reine Eifelluft genießen.

*Bernkastel-Kues, End-
punkt des Maare-
Mosel-Radwegs.*

So entstand nach und nach ein weitläufi-
ges Radwegenetz, das sowohl von sportlichen Nutzern als
auch von denen, die Landschaft und Natur genießen wollen,
gut angenommen wird. Die Viadukte und Tunnel, die zum Ei-
felbild gehören wie der Ginster im Frühjahr, überbrücken
landschaftliche Einschnitte, kürzen Wege ab und gehören
zum Gesamtkonzept. Und keine Angst vor der Dunkelheit
in Tunneln! Dort, wo es erforderlich ist, sind diese selbstverständlich beleuchtet und gefahrlos zu passieren.

Besonders angenehm empfinden es die Radwanderer,
dass Steigungen kaum vorkommen, und wenn doch, dann
sind es selten mehr als 2,5 %. Schon während der Bahnbe-
triebszeiten musste Rücksicht auf die Zugkraft der Lokomo-
tiven genommen werden, so dass beim Ausbau auf nur sanfte
Anstiege geachtet wurde.

Insgesamt gibt es bis heute neun dieser Radwege, vom Vennbahn-Radweg, Eifel-Ardennen-Radweg, Kalkeifel- bis hin zum Maare-Mosel-Radweg, um nur einige zu nennen. Verteilt sind sie über die gesamte Eifel, von Nord nach Süd und Ost nach West. Einer der längsten Bahntrassen-Radwege ist der Vennbahn-Radweg mit einer Streckenlänge von 125 Kilometern, zwischen Aachen bis Troisvierges in Luxemburg. Die anderen weisen unterschiedliche Distanzen zwischen 22 bis 98 Kilometern auf. Auch für eine gute und übersichtliche Ausschilderung ist gesorgt, ein Hauptanliegen der Planer aller Wanderwege. Zwischenstationen laden zur Rast und zum Verweilen ein.

Als weiteres Beispiel darf ich hier auch noch den Kylltal-Radweg kurz vorstellen. Die wichtigsten Informationen gelten natürlich immer zuerst der Beschaffenheit der Strecke und ihrem Verlauf. Dieser beginnt am Bahnhof in Dahlem und führt überwiegend flussnah im tief eingeschnittenen Tal der Kyll am Kronenburger See vorbei nach Kyllburg. Jünkerath und Gerolstein sind die nächsten Zwischenziele nach dem Passieren der Kasselburg bei Pelm. Durch von Wasser, Vulkanen und dichten Wäldern geprägte Landschaft geht es weiter nach Kordel, wobei vorher die mächtige Burg Ramstein und die imposante Genovevahöhle passiert werden. Es ist ein Programm von außergewöhnlichen Eindrücken, Erlebnissen und Emotionen, das Vergleichbares sucht. Bei Ehrang wird das Moseltal erreicht. Die älteste Stadt Deutschlands, Trier, ist nicht mehr weit entfernt. Dort angekommen, hat der Radwanderer eine Strecke von 130 Kilometern hinter sich gebracht. Diese verlief meist flach bis leicht hügelig und stellte mit nur wenigen Steigungen eine annehmbare Herausforderung dar. Der überwiegend asphaltierte Untergrund gewährt ein komfortables Fahrvergnügen.

Aus- und Fernsichten

Der Eifelturm von Boos

Wer in der Eifel unterwegs ist, würde an bestimmten Stellen gerne etwas höher hinauskommen, um die reizvolle Landschaft nicht nur immer aus der Froschperspektive zu erleben. Dieses Anliegen haben die »modernen Macher der Eifel« längst erkannt und vielerorts verwirklicht. Von Türmen aus ist es möglich, Fernblicke zu erhaschen und auch das nähere und weitere Umfeld in einem Gesamtgebilde, möglichst in einem 360-Grad-Rundumblick, zu erleben.

Der Eiffelturm in Paris weist eine Höhe von 324 Metern auf und gewährt einen weiten, überwältigenden Blick über die französische Millionenmetropole. Das stählerne, fast 130 Jahre alte Bauwerk in Paris hat eine andere Schreibweise als die hier behandelte Region. Nach dem Konstrukteur, Gustave Eiffel, stehen zwei »f« in dem Namen zur Verfügung. Dennoch steht dieser mit unserer Eifel in einem engen Zusammenhang, worauf ich später noch eingehen werde.

Aber auch die Eifel verfügt über einen eigenen Eifelturm. Dieser, mit seinem Namen auf die Landschaft bezogen, ragt bei Boos in der VG Vordereifel zwar nicht in den Himmel, aber immerhin mit einer Höhe von 25 Metern über die Baumwipfel hinweg. Er wurde im Dezember 2003 errichtet. Die Aussicht von der obersten Plattform wird jeden überraschen, der den Weg nach hier oben eingeschlagen hat.

Die Holzkonstruktion wurde auf einem Kraterwall am Rande des Booser Naturschutzgebietes auf dem 557 Meter hohen Schneeberg aufgestellt. Diese eröffnet ein Rundum-Panorama über die bewaldeten Eifelhöhen. Der Vulkanbereich um Boos setzt sich aus zwei Maaren und acht bis zehn Schlackenkegeln zusammen, wobei sich die letzten Aktivitäten vulkanischen Ursprungs auf 8 000 bis 10 000 Jahre zurückdatieren lassen. Aus dem Förderkanal des östlichen Maares wurde eine 250 Kilogramm schwere Lavabombe herausgeschleudert, deren Ort des Einschlags am Fuße des Eifelturms an verformten und farblich abweichenden Schichten deutlich wird.

Der Turm mit dem Grundriss eines Dreiecks wurde aus Holz der einheimischen Wälder gefertigt. Drei vollkommen gerade gewachsene, hundertjährige Douglasien bilden die Eckpunkte des Bauwerks. Dieses Nadelholz ist besonders resistent gegen Wind und Wetter. Da keinerlei Holzschutzmittel zur Konservierung erforderlich waren, konnte auch dem Umweltschutz Rechnung getragen werden.

Der Eifelturm bei Boos.

Die Antwort, wie ein derartiges, mächtiges Monstrum überhaupt errichtet werden konnte, ist einfach: liegend, sorgfältig und in aller Ruhe bis zur Fertigstellung! Danach hoben zwei Kräne das Ergebnis auf ein Fundament, in dem 6 Tonnen Stahl und 105 Kubikmeter Beton enthalten sind.

Verbaut wurden schließlich über 40 Kubikmeter Holz für Treppen, Geländer und Querverstrebungen. Weitere Stabilität garantieren 11 Tonnen Stahlverbindungsteile und 1 356 Stahlbolzen, so dass an der Unerschütterlichkeit und Stabilität nicht zu zweifeln ist. Auch Skeptiker können bedenkenlos über 124 Stufen den absolut sicheren Turm besteigen. Wer dieses Angebot nicht wahrnimmt, dem bleibt ein ausgewähltes Panorama vorenthalten. Der Blick reicht bis zur Nürburg. Das Sonnenlicht reflektiert die Bauten des Nürburgrings. Hohe Acht, Hochsimmer und Hochkelberg treten auf der anderen Seite ins Blickfeld. Selbst Mittelgebirge außerhalb der Eifel, wie Westerwald und Hunsrück, sind zu erkennen.

Nicht unerwähnt bleiben soll das Booser Doppelmaar unterhalb des Eifelturms. Es stellt ein authentisches Zeugnis des Eifelvulkanismus dar. Bei beiden Maaren sind Aufbau, Ausbildung und Schichtenbildung deutlich wahrzunehmen.

Erinnerungstafel an einen Vorfahren Gustav Eiffels in Marmagen.

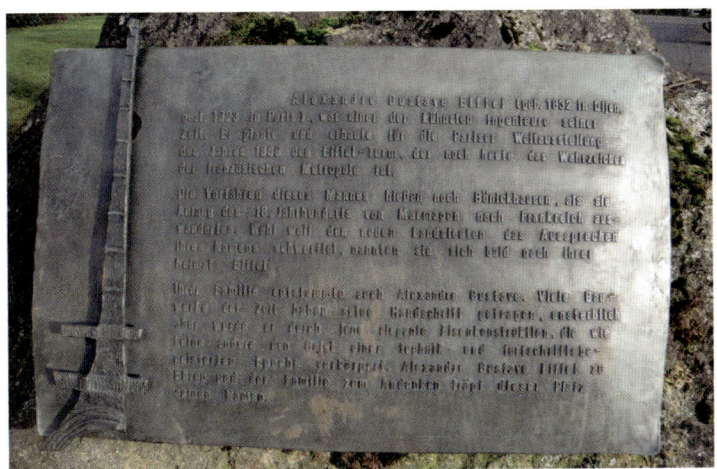

Jetzt noch einmal zurück zum Eiffelturm in Paris. Die Vorfahren von Gustave Eiffel stammen aus Marmagen (Gemeinde Nettersheim). Anfang des 18. Jahrhunderts verließ ein Leo Heinrich Bönickhausen seinen Heimatort Marmagen und begab sich nach Paris. Da es Probleme mit der Aussprache seines Namens gab, nannte er sich in Anlehnung und Erinnerung an seine Heimat ganz einfach »Eiffel«, warum auch immer mit Doppel-f.

Ein Nachkomme von ihm war der spätere französische Ingenieur Gustave Eiffel, der Konstrukteur des nach ihm benannten Turms aus Anlass der Pariser Weltausstellung im Jahr 1900. Dieser galt über vierzig Jahre lang als höchstes Bauwerk der Welt. Übrigens ist das stählerne »Innenleben« der Freiheitsstatue in New York auch Gustave Eiffel zu verdanken.

Stolz blicken die Marmagener auf ihren Vorfahren zurück; sie erinnern sogar im Ort mit einer Gedenktafel an dessen Herkunft.

Wenn wir schon mal hier sind: der Marmagener »Eifelblick« Mühlenberg

Am Ortsrand von Marmagen lädt wieder ein 11,60 Meter hoher Turm ein, aus der Höhe einen unvergesslichen Panorama- und Weitblick zu genießen. Dieses hölzerne Bauwerk auf dem 547 Meter hohen Mühlenberg zählt zu den 62 »Eifelblicken«.

Von seiner obersten Plattform sind die altehrwürdigen Gebäude des Klosters Steinfeld oberhalb des Ortes Urft zu erkennen. Der Nationalpark Eifel mit seinen dichten Wäldern, der Kermeter-Hochwald bei Heimbach und die Dreiborner Hochfläche sind »augenläufig« von diesem Turm aus leicht zu erreichen. Auch der Michelsberg bei Bad Münstereifel mit seinen 586 Metern steht im optischen Panorama-Blick-Angebot des Mühlenbergs bei Marmagen.

Wie ein mahnender Finger –
der Krausbergturm bei Dernau

Aussichtsturm auf dem Mühlenberg in Marmagen.

Der Weinort Dernau an der Ahr hat ein markantes Wahrzeichen, das sich weithin sichtbar in den Himmel streckt und sogar noch aus östlicher Richtung am Auslauf des Ahrtals gen Rhein zu erkennen ist. Der kräftige steinerne Aussichtsturm auf dem 361 Meter hohen Krausberg wurde seinerzeit vom Eifelverein, Ortsgruppe Dernau, errichtet und im März 1927 gleichzeitig mit der Krausberghütte eingeweiht (siehe Abb. S. 256).

Allerdings musste er im Oktober 1944 von der Deutschen Wehrmacht gesprengt werden, weil er als strategischer Punkt

und Orientierungshilfe für die alliierten Bombengeschwader hätte nützlich sein können.

Im Jahr 1967 wurde er von der gleichen Eifelvereins-Ortsgruppe wieder aufgebaut und thront seitdem mit einer Höhe von 14,5 Metern als frei zugänglicher Aussichtsturm über der südlichen Hanglage oberhalb von Dernau. Bei guter Fernsicht werden von dort sogar die Türme des Kölner Doms und des Colonius (Fernsehturm) sichtbar, in östlicher Richtung das Siebengebirge mit Drachenfels und Petersberg.

Aus der einst einfachen und bescheidenen Wanderhütte neben dem Krausbergturm entwickelte sich nach und nach durch Um- und Ergänzungsbauten eine gepflegte Gaststätte, die von Wanderern gerne besucht wird.

Die aufgezogene Fahne auf dem Krausbergturm zeigt als Besonderheit die Öffnungszeiten der Krausberghütte. Von 9:30 bis 18 Uhr sind dann an Wochenenden Gäste gerne willkommen. Wer also nur darauf bedacht ist einzukehren, der achte auf die Fahne auf dem Turm!

Die »Eifel-Blicke«

Mittlerweile existieren 62 »Eifel-Blicke«. Das sind herausragende Punkte in der Eifellandschaft, von denen dem Wanderer sehenswerte Aus- und Fernsichten geboten werden. Das müssen allerdings nicht immer Türme sein. Den Wanderern wird an bestimmten, sorgfältig ausgesuchten Punkten die herrliche Eifellandschaft als »Gesamtbild« präsentiert. Zudem erklären und beschreiben Informationstafeln das sichtbare Umfeld, d. h., welche Berge, Bauwerke, Gewässer oder Dörfer in jeweiliger Blickrichtung liegen. Dadurch werden Orientierungshilfen vermittelt, die die Eintragungen auf Wanderkarten ergänzen.

Zahlreiche »Eifel-Blicke« liegen nur wenige Gehminuten von Rad- oder Wanderwegen entfernt. Hinweisschilder mit der entsprechenden Aufschrift weisen den Weg dorthin.

An »Eifel-Blick«-Punkten bietet es sich nicht nur an, sondern es ist geradezu Pflicht, dort eine Rast einzulegen. Typisch, einzigartig und auch etwas witzig erscheinen die Sitz-

◀ Der Aussichtsturm auf dem Krausberg oberhalb Dernaus.

und Ablagemöglichkeiten, die sich als großes, auf dem Rücken liegendes »E« darstellen. Der untere und der obere Strich dieses Buchstabens fungieren als Rückenlehnen, während der mittlere je nach Bedarf als Ablage genutzt werden kann.

Die Hohe Acht

Die höchste Erhebung der Eifel ist die Hohe Acht mit 747 Metern ü. NN. In den Jahren 1908 und 1909 wurde diese Höhe mit weiteren 16,30 Metern sozusagen zusätzlich »aufgestockt«. Aus Anlass der Silbernen Hochzeit von Kaiser Wilhelm II. und Kaiserin Auguste Viktoria wurde ein steinerner Aussichtsturm auf diesem erloschenen Vulkan errichtet, im gleichzeitigen Gedenken an Kaiser Wilhelm I.

Der damals 18 000 Mark teure Turm war ein Dank des damaligen Kreises Adenau und seiner Bewohner an die Majestäten, die sich mit großer Fürsorge zuvor dieser Region angenommen und sich um sie gekümmert hatten.

Heute bietet der Turm, der aus heimischen Materialien errichtet wurde und dem Kreis Ahrweiler gehört, einen atemberaubenden Ausblick in alle Himmelsrichtungen. Im Jahr 1987 wurde er unter Denkmalschutz gestellt. Eine Sanierung erfolgte im Jahr 2015, nachdem der Zugang aus Sicherheitsgründen vorerst gesperrt worden war. So ist er wieder jederzeit zugänglich und ein beliebtes Ausflugsziel.

Die Hohe Acht ist ein tertiärer Vulkan, dessen Kuppe unmittelbar neben dem Kaiser-Wilhelm-Turm aus deutlich sichtbar werdenden Basaltsäulen besteht.

Während des gesamten Aufstiegs zum Gipfel ist der Turm wegen der dichten Bewaldung nicht sichtbar. Erst im letzten Moment ist das alte, ehrwürdige Gebäude auf der linken Seite zu erkennen. Das über dem Eingang angebrachte Relief zeigt das Haupt des Monarchen mit der Inschrift: »Dem Großen Kaiser der Kreis Adenau«.

▶ *Hohe Acht, Kaiser-Wilhelm-Turm.*

Nachwort

Ich hoffe, dass ich mit meinen Ausführungen nicht nur das Interesse für die schöne Eifel geweckt, sondern bei manchem sogar noch gesteigert habe. Es lag mir sehr viel daran, Besonderes und Wissenswertes aufzuführen und zu vertiefen, und das, was vielleicht noch nicht bekannt war, zu vermitteln. Natürlich konnten nicht alle Themen allumfassend behandelt, aber als Beispiel einer Vielfalt angeschnitten werden.

Schon dieser Anstoß könnte Anlass genug sein, demjenigen, der mehr erfahren möchte, einen Hinweis gegeben und einen Weg aufgezeigt zu haben.

Viel Freude und bis bald irgendwo in der Eifel?

Das Rathaus in Bad Münstereifel, kolorierte Federzeichnung vom Autor des Buches.

Webadressen der in diesem Buch vorgestellten Sehenswürdigkeiten

Was der Mensch nicht schaffen kann
www.dinosaurierpark-teufelsschlucht.de
www.mullerthal-trail.lu/de

Wohlfühlen in Germania?
www.roemerthermen-zuelpich.de
stadt.bad-neuenahr-ahrweiler.de/sv_bad_neuenahr_ahrweiler/Bildung & Kultur/
 Museen/Museum Roemervilla/

Grannus lockte Kelten, Caesar und den großen Karl
www.carolus-thermen.de

Einst gefährlich und geheimnisvoll – Besucher heute willkommen
www.bergbaumuseum-mechernich.de
www.besucherbergwerk.bleialf.org
www.grubewohlfahrt.de

Kupfer und Zink werden eins
www.heinrich-boell.de/HeinrichBoellHaus.htm

Ora et labora, aber auch Schweigen erreicht Gottes Ohr
www.kloster-mariawald.de
www.kloster-steinfeld.de

Den Feuerspuckern auf der Spur
www.deutsche-vulkanstrasse.com/highlights/arensberg.html
www.geopark-vulkaneifel.de/index.php/geo-museen/eifel-vulkanmuseum-daun
www.lava-dome.de
www.maarmuseum.de

Naturtemperiertes Bier? Hier!
http://vulkan-brauerei.de/de/felsenkeller/

Frisches Wasser abzugeben!
www.roemerkanal-wanderweg.de

In Beton gegossen
www.vogelsang-ip.de
www.westwallmuseum-irrel.de

Die »Schmugglerkirche St. Mokka« in Nideggen-Schmidt
www.eifel-gast.de/Auf-Schmuggler-Tour-mit-Anna-Grenze-und-Wilma-Rueber/

Der Kalte Krieg als Bauherr
www.ausweichsitz-nrw.de
www.rgbu.de

Auf den Spuren dampfender Ungetüme
www.eisenbahnmuseum-juenkerath.de
www.vulkan-express.de

Die Vergangenheit für die Zukunft bewahren
www.kommern.lvr.de
www.mayen.de/Tourismus-und-Events/Museen/Eifelmuseum_Deutsches-
   Schieferbergwerk/Eifelmuseum

Die alljährliche Vertreibung der Wintergeister
www.blangem.de/karneval/museum/htm

Die DM ging, Burg Eltz blieb
www.burg-eltz.de
www.burgsatzvey.de
www.olbrueck.de

Brubbel, Born, Pütz und Sprudel
www.bad-bertrich.de/de/aktiv-und-vital/glaubersalz-heilquelle

Mord und Totschlag auf Papier
www.eifelkrimi-wanderweg.de
www.kriminalhaus.de

»Heiße« Ware aus der Eifel
www.glockengiesser.de

Wo Caracciola und Lauda ihre Runden drehten
www.nuerburgring.de/fahren-erleben/fahren/touristenfahrten.html

Große Kultur auf Eifeler Bühnen
www.eifel-literatur-festival.de
www.freilichtbuehne-schuld.de
www.mayen.de/Kultur-und-Maerkte/Burgfestspiele/

Einfach einzig-AHR-tig
www.ich-geh-wandern.de/rundwanderung-calmont-klettersteig-bremm-mosel
www.rotweinwanderweg.de

Weißer Schnee auf »Schwarzem Mann«
www.eifel.info/skifahren-skigebiet.htm

Die Rückeroberung der Wildnis
www.botrange.be
www.nationalpark-eifel.de/go/eifel/german/Gefuehrtes_Wandern/Mit_Ran-
   gern_und_WaldfuehrerInnen_wandern.html
www.outdooractive.com/de/wanderung/eifel/der-hoefener-hecken-
   weg/1367818/

Wanderer in einem dichten Netz
www.eifel.info/bahntrassenradeln.htm
www.eifelsteig.de
www.radkompass.de/Radfernweg/kylltal-radweg.html
www.traumpfade.info

Aus- und Fernsichten
www.eifel-blicke.de

Ortsregister

Blankenheim.